마음 훈련 서약서

나의 영혼을 강건하게 만들고 인생의 참의미를 찾기 위해서
아래와 같이 나 _____는/은 내 마음을 훈련할 것을 서약합니다.

1. 나는 날마다 최소 20분씩, 내 마음을 위한 마음 훈련 시간을
   가지겠습니다.
2. 나는 어떤 선택을 하기 전에, 먼저 내 마음을 살피겠습니다.
3. 나는 내 마음이 들려주는 이야기를 〈마음 노트〉에 기록해두겠습니다.
4. 나는 내 마음을 위해서, 기꺼이 홀로 있는 시간을 만들겠습니다.
5. 나는 마음 훈련을 위해서, 내 마음을 힘들게 하는 습관 한 가지를
   고치겠습니다.

년   월   일

마음 훈련을 결심하며, _____ .

마음훈련

내 마음이 내 인생을 결정한다

마음훈련

이지연 지음

사람in

내 영혼은 내 마음에 물든다

"이 행성에는 한 가지 위대한 진실이 있다.
당신이 누구이건 간에, 당신이 무엇을 하건 간에 당신이 뭔가를 진정으로 원하고 있다면,
그것은 우주의 영혼에서 생겨난 소망이다. 그것이 지구상의 당신의 임무이다."

– 파울로 코엘료

사람은 과연 어떤 존재일까?

단순하게 생각하면, 사람은 크게 몸(육체)과 마음(정신)으로 이루어져 있다. 그렇다면 육체와 정신은 어떻게 연결되어 있을까? '건강한 육체에 건강한 정신'이라는 말을 들어본 적이 있을 것이다. 그러나 현대인들을 보고 있으면 과연 이 말이 맞을까 의심스럽다. 식스팩이니, 다이어트니 모두들 건강한 몸, 보기 좋은 몸을 가꾸려고 노력한다. 하지만 정신질환을 앓는 사람은 해마다 늘어난다. 정말 몸만 건강하면 정신도 건강해질까?

그리스의 철학자이자 수학자인 피타고라스는 영혼의 윤회를 믿었다. 육체적 강건함보다 영혼의 강건함을 강조한 피타고라스는 진정한 해탈을 위해 금욕적인 생활을 통한 극기(克己)를 주장했다.

플라톤은 우리가 살고 있는 세상이란 환상에 불과한 감각의 세계로, 이데아(Idea)라는 관념세계에 대한 불완전한 복사본에 지나지 않는다고 했다. 여기서 이데아란 눈에 보이지 않는 사물의 본질 또는 원형(原型)을 뜻한다. 즉 육체와 영혼을 소유한 인간은 물질세계를 인지할 수 있는 신체감각과 이데아의 세계를 인지할 수 있는 영혼의 이성을 지니고 있는데, 수명이 다하면 썩어지는 육체와 달리 영혼의 이성은 영원불멸하다고 가르쳤다.

영혼에 대한 철학자들의 다양한 해석은 결국 영혼이 육체보다 중요하다는 것을 알려준다. 하지만 삶에서 영혼이 차지하는 비중이 얼마나 큰지를 깨닫는다면, 비단 살아가는 문제가 돈을 벌고 먹고 사는 지극히 현실적인 문제에만 국한되지는 않는다는 것을 깨닫게 된다.

로마의 철인 황제 마르쿠스 아우렐리우스는 "습관적인 생각이 당신 마음의 특성이 될 것이다. 왜냐하면 영혼은 마음에 의해 물들기 때문이다"라고 말했다. 사람이 아무리 맑은 영혼을 가지고 있더라도, 부정적인 생각을 반복해서 거듭하면 영혼마저 탁해지는 법이다. 투명한 물에 물감이 묻은 붓을 담그면 물이 혼탁해지듯, 생각에 물들기 쉬운 것이 영혼이다.

그렇다면 영혼과 마음의 관계는 무엇일까? 인간이 영혼과 육체로 이루어졌다고 한다면, 마음은 육체와 영혼을 이어주는 연결고리이다. 또한 인간의 마음은 의식하고, 생각하고, 느끼고, 판단하게 하는 인식능력이기도 하다.

솔로몬 왕의 "네가 상냥하면 영혼이 자라나며, 네가 잔인하면 영혼이 파괴될 것이다"라는 말처럼 영혼은 마음먹기에 따라 강건해지기도 하고, 부서지기도 한다. 따라서 우리는 마음을 강건하게 만드는 마음 훈련을 해야 한다. 그래야 영혼이 강해지기 때문이다. 이것이 바로 몸을 튼튼하게 만든다고 해서 저절로 영혼이 강해지지 않는 이유다.

인간은 누구나 완벽하지 않고 각자에게 주어진 무수한 시련을 겪어내야 한다. 하지만 이런 과정에서 무너지고 실패하지 않으려면 마음 훈련을 통해 영혼에 긍정적인 에너지를 끊임없이 불어넣어야 한다. 실패를 통해 죽음의 목전까지 다가섰던 내가 다시 일어날 수 있었던 것은 이런 마음 훈련을 통해서이다. 마음 훈련으로 영혼에 밝은 에너지를 불어넣으면 부정적 에너지는 점점 사라지게 된다.

건강한 마음이 내 삶의 초석이 되어야 내가 꿈꾸는 세계로 나아갈 수 있다. 몸을 만들기 위해 능력을 쌓는 것보다 더 중요한 것은 삶의 기초가 되는 마음의 뿌리를 강건하게 만드는 것이다. 마음과 생각을 건강하게 갖추고 타인, 세상 그리고 우주를 공감하며 살아가면 삶의 여정에서 힘든 일은 이겨낼 수 있을 것이다. 나 자신이 마음 훈련을 통해 얻게 된 무한한 긍정의 힘을 여러분과 나누고 싶다. 마음과 생각이 내 운명을 결정짓는다는 사실을 잊지 말자.

내마음훈련소 이지연

차 례

네 번째 마음 훈련

관계 맺기_마음과 마음이 만날 때

마음 훈련을 시작하며

1. 내 마음에 집중할 수 있는 고정적인 시간과 조용한 장소를 마련하세요.

2. 머리가 아니라 몸과 마음과 생각이 연결되어 있다는 사실을 기억하세요.

3. 마음 훈련은 무엇을 하는 시간이 아니라, 내가 나 자신으로 존재하는 시간입니다.

내 마음을 깨닫자

마음 사용 설명서

01

내 마음의 주인은 바로 나

진정한 내 삶을 살기 위한 마음 훈련

우리 내면의 고통을 경청하고 이해하는 것이
우리가 직면한 문제를 해결하는 것이다.
— 틱낫한

〈그림자 없는 사나이〉에서 슐레밀은
원하는 것은 무엇이든 얻을 수 있는 마법의 주머니를 얻기 위해 악
마에게 그림자를 판다. 그림자는 아무짝에도 쓸모없는, 살아가는
데 전혀 지장이 없는 것이라고 생각한 것이다. 악마에게 그림자를
팔고 마을로 내려온 슐레밀을 보고 마을 사람들은 수군거리며 멀리
하기 시작했다. 사실 그림자란 인간의 존재를 나타내는 것이다. 부
자이건 가난하건, 많이 배우건 못 배우건 상관없이 그림자는 인간
그 자체를 나타내는 공평한 것이다.

　더는 사람들 속에 살지 못하게 된 슐레밀에게 악마는 다시 찾아
온다. 이번에는 그림자를 돌려줄 테니 영혼을 팔라는 제안을 한다.

하지만 그림자가 없는 삶도 고통스러운데, 영혼이 없는 삶은 얼마나 비참할까? 슐레밀은 악마의 제안을 단호히 거절한 후 마법의 주머니마저 던져버렸다. 그리고 하늘을 나는 신발을 신고 길을 떠난다. 인간세계를 벗어나 자연과 교감을 하게 되며 슐레밀은 진정한 마음의 평화와 행복을 얻게 된다.

슐레밀이 만일 물질적 욕심에 눈이 멀어 자신의 영혼마저 팔아버렸다면 어떻게 되었을까? 그림자처럼 필요 없을 것 같은 나의 일부도 사라지는 순간, 너무나 절실해지고 살아가는 데 불편함을 느낀다. 그런데 한 사람의 전부라고 할 수 있는 영혼이 없다면 어떻게 삶을 살아갈 수 있을까? 사람은 영혼이 있기에 숭고한 존재이다. 그래서 끊임없이 영혼을 갈고 닦아 강건하게 만들어 삶의 난관들을 무사히 이겨내야 한다.

인생이란 온갖 모질고 궂은 경험 속에서 나 자신을 숭고하게 만들어가는 과정이다. 〈그림자 없는 사나이〉의 이야기에서처럼 사람들은 자신이 원하는 것을 소유하기 위해 때로는 영혼마저 팔아버리고 싶은 충동을 느낀다. 하지만 우리는 슐레밀의 이야기에서 원하던 물질을 얻게 되었다고 해도 진정한 행복을 느낄 수 없다는 사실을 알게 되었다. 물질만으로는 충족되지 않는 것이 삶이다. 아무리 풍족해도 영혼이 메말라 성장하지 못하는 사람은 늘 외롭고 허전하기 마련이다.

잊고 있었던 나의 영혼에 따뜻한 온기를 불어넣어 다시 일어서기 위해서는 마음 훈련이 필요하다. 마음은 육체와 영혼을 연결해주는 연결고리이기 때문이다. 건강한 마음은 삶의 튼튼한 뼈대이며, 영혼은 삶을 살아내게 하는 힘이다. 비바람과 폭풍이 불어와도 굳건히 버티려면, 나의 뼈대인 마음이 건강해야 한다. 이런 강건한 마음을 갖기 위한 훈련에 필요한 것은 나 자신을 돌아보는 시간이다. 오로지 혼자만 있는 그 시간이 나의 영혼 에너지를 충전할 수 있는 기회를 제공한다.

자신을 돌아볼 시간, 홀로서기 연습을 하라

"홀로 여행하면 더 많이 뒤를 돌아보기 때문에 더 유익하다."

– 토머스 제퍼슨

자신을 돌아볼 시간을 갖기 위해서는 가끔 혼자 여행을 떠나보자. 홀로 여행하는 이유는 첫째, 내가 처한 현실을 떠나 재충전의 시간을 갖기 위해서이다. 둘째, 그 시간을 통해 얻은 힘으로 현실을 다시 열심히 살아가기 위해서이다.

진정한 여행은 영혼과 육체의 휴식이어야 한다. 눈으로만 아름다운 경치를 보는 게 아니라 마음으로 느끼고, 사색하고, 나에게 인생을 살아갈 수 있는 시간을 선물하는 것이다.

나의 영혼과
대화를 위한
메타 명상법

1. 음악을 틀어놓고 편한 자세를 취한 후 지그시 눈을 감는다.

2. 코로 숨을 들이마시고, 입으로 내뱉는다.

3. 눈을 감고 행복, 건강, 성공, 스트레스와 미움 없는 삶 등을 떠올린다.

4. 구체적으로 하나씩 떠올리며 '내가 겪은 시련이 값진 시련이었음을
   감사하게 하소서'라고 마음으로 기원한다.

'남들이 가본 곳을 나도 가봤다' 하는 여행이 아니라 '내 인생을 위해 꼭 가고 싶었던 곳을 마침내 가봤다'라는 여행이어야 한다.

충분히 느끼고, 사색하고, 자신의 마음을 강하게 훈련하기 위해서는 혼자 하는 여행이 제일 좋다. 집으로 돌아왔을 때 따스한 온기를 다시 느끼고, 항상 덮던 이불을 덮으며 편안함을 느껴보라. 진정으로 나를 둘러싼 현실이 소중하다는 것을 깨닫게 될 것이다. 또한 혼자만의 여행은 '홀로서기'를 연습하는 시간을 선사해준다.

외로움은 사람의 영혼을 병들게 할 수 있다. 하지만 때로는 홀로 있는 고독의 시간이 필요하다. "외로움과 환영받지 못한다는 기분이 최악의 빈곤이다.^{마더 테레사}"라는 말처럼 남들에게 거부당했다는 느낌을 받는 외로움은 병이 되지만, 스스로 선택한 고독은 약이 되기 때문이다. "젊은 시절에는 고독이 고통스럽게 느껴지지만, 좀 더 성숙해지면 오히려 즐거움이 된다.^{아인슈타인}" 그만큼 고독의 시간은 의미 있고 중요하다. 혼자 있는 시간 동안 나의 내면과 대화해보라. 이로써 나에게 가장 좋은 친구는 바로 나 자신이라는 사실을 깨닫게 될 것이다.

성숙해지기 위해서는 나만의 시간과 공간이 필요하다. 혼자 있는 시간은 자신의 영혼을 성숙시키는 선물이다. 살아가기 위해 신체적으로 호흡이 필요하듯, 건강한 인생을 살기 위해서는 영혼의 호흡도 필요하다. 영혼의 성숙을 위해 혼자만의 시간과 공간을 갖도록 하자.

나의 내면의 소리를 듣는 법, 명상

내면과 대화하기 위해서, 혹은 내면의 소리를 듣는 가장 좋은 방법은 명상이다. "명상은 생각하지 않아도 아는 것이며, 유한한 것을 무한한 것으로 통합시키는 것이며, 개념화하지 않고 영원한 자각 혹은 순수한 의식 속에 생각을 용해시키는 것이다.볼테르" 명상은 마음 전체를 내려놓고, 객관적으로 자신의 마음을 바라보는 것이다. 나의 내면을 세밀히 들여다보고 내면의 소리를 경청함으로써 나를 이해하고, 나 자신과 진정으로 화해하고 친해지는 과정이다. 의식적으로 생각하지 않고, 영혼에 몰입하여 가장 편안한 휴식상태에 이르게 하는 것이 명상이다.

마음 훈련의 기초가 바로 나의 마음을 경청하는 것이다. 만일 거듭되는 실패로 정신적인 트라우마를 겪고 있다면 내 마음을 듣는 훈련을 하면서 상처를 비워내보자. 현재 나 자신이 어떤 삶을 원하는지 모르겠다면, 명상을 통해 마음의 소리를 진정으로 들어보길 바란다. 나의 마음을 경청하고, 내가 원하는 것을 하는 것이 성공을 위한 마음 훈련의 첫 단계이다.

내가 원하는 것은 소소한 행복인데, 다른 사람들의 기대와 사회적인 가치에 얽매여 작은 행복을 추구하지 못하고 허황된 꿈을 좇다 보면 결국 몸도 마음도 지치게 된다. 얼마나 벌고, 쓰다가 죽느냐의 문제가 아니다. 인생은 시간을 가치 있게 쓰고, 질적으로 행복한 삶을 영위하는가의 문제이다. 육체와 영혼의 연결고리인 마음은 훈련을 통해 다스릴 수 있다. 마음 훈련을 통해 강건하고 새로운 나로 거듭날 수 있다. 또한 지속적으로 마음 훈련을 하다 보면 병든 영혼도 치유될 수 있다.

"당신에게 주어진 시간은 짧다. 그러니 다른 사람의 삶을 사느라 시간을 낭비하지 마라. 다른 사람들의 시끄러운 의견이 당신 내면의 목소리를 가로막게 하지 마라. 가장 중요한 것은 당신의 마음과 직관을 따르는 용기이다." -스티브 잡스

"우리 내면의 고통을 경청하고 이해하는 것이 우리가 직면한 문제를 해결하는 것이다." -틱낫한

내 마음은 오로지 나의 것이다. 그런데 왜 나는 나 자신의 마음을 타인의 마음인 양 방관하고 있는가. 내가 불행한 이유는 나를 속이며, 타인의 기준에 맞춰 수동적인 삶을 살기 때문이다. 결국 내 마음의 소리에 귀 기울이지 않고 다른 사람의 삶을 대신 살고 있기 때문에 불행한 것이다. 나의 내면에서 나오는 외침을 듣지 못하면서 어떻게 타인을 이해하고 소통할 수 있겠는가?

내 마음의 소리를 듣기 위한 명상에는 어떤 원칙도 필요 없다. 그저 매일 10~30분씩 편안한 자세로 내 마음에서 행복한 감정을 끌어내는 것이다.

따뜻한 물에 아로마 오일을 몇 방울 풀어 반신욕을 하거나, 숲을 걸으며 삼림욕을 하는 것도 명상의 일종이다. 명상의 목적은 몸과 마음이 찌들기 전, 순수하고 건강한 영혼의 상태로 돌아가는 것이다.

자연과 교감하여 얻는 에너지는 영혼이 상처 입고 때 묻기 전의 상태로 돌아가게 해준다. 인간은 원래 자연의 일부였으므로, 태초의 어머니 자궁 속으로 돌아가듯 안전과 포근함을 느낄 수 있는 곳이 자연이다.

그래서 마음을 심하게 다친 사람이 교류를 단절하고 산중으로 들어가는 것도 일종의 '자궁으로의 회귀'와 같다. 〈그림자 없는 사나이〉 슐레밀이 세상에서 상처받은 마음을 자연과의 교감을 통해 치유한 것처럼 말이다. 하지만 다시 세상 속에서 건강하고, 행복한 인생을 살아가기 위해 자연과의 교류가 필요한 것이지, 홀로 살기 위해서가 아니란 사실을 명심하자.

내가 좋아하는 방식으로 영혼의 에너지를 되찾기 위해 노력하면 그 과정을 통해 흐트러진 몸과 마음이 회복된다. 이렇게 다시 에너지를 얻으면 집중력이 강해진다. 내가 분노했다는 사실조차도 잊게 된다.

더러워진 마음 그릇을 깨끗이 닦아내자. 그리고 영혼을 정화하기 위해 명상을 해보자. 마음을 개입시키지 말고, 나의 영혼과 대화하는 명상을 통해 순수한 자신을 만나보자. 그렇게 된다면 당신은 세상에서 낙오자가 되지 않고, 빛나는 주인공으로 다시 설 수 있을 것이다.

영혼에
긍정 에너지를 불어넣자

'홀로서기' 연습은 나를 둘러싼 현실의 소중함을 깨닫게 한다.

마음 훈련을 위해서는 자신을 되돌아보는 시간이 필요하다.

스스로 선택한 '고독'은 나의 내면과 대화하는 시간이 된다.

자신의 영혼과의 대화를 위해 가장 좋은 방법은 명상이다.

내 마음의 동기부여

나의 미래를 준비하자

달성하겠다고 결심한 목적을 단 한 번의 패배 때문에 포기하지 마라.
― 셰익스피어

스타벅스를 인수해서 대기업으로 키운

스타벅스의 창업자 하워드 슐츠는 어린 시절 가난 속에서 자랐다. 그는 한 인터뷰에서 가난에 대해 열등감이 있다고 이렇게 고백했다. "나는 지금 양복을 입고 넥타이를 매고 있지만, 내 출신을 잘 알고 있다." 이렇게 성공한 기업의 회장마저도 자신이 가난한 집안 출신이라는 것에 대해 열등감을 가지고 있다는 사실이 참으로 놀랍기만 하다. 하지만 그가 마침내 성공을 이룰 수 있었던 원동력은 무엇이었을까?

포기하는 것을 포기하라

우리의 최대 약점은 포기하는 것이다. 성공하는 가장 확실한 방법은 한 번만 더 시도하는 것이다. 토마스 에디슨 대부분의 사람들은 실패의 고통이 크거나, 실패의 기간이 길어질 경우 꿈을 향해 나아가기를 포기한다. 처음 꿈을 꿀 때 필요한 것이 동기부여이듯, 실패를 극복하고 앞으로 나아가기 위해 필요한 것도 동기부여이다.

동기부여란, 자신의 꿈을 향해 나아가도록 해주는 원동력이 되는 희망과 목표이다. 아브라함 매슬로우는 사람의 욕구를 5단계로 표현하였다. 생리적인 욕구, 안전과 건강에 대한 욕구, 사랑과 소유에 대한 욕구, 인정받고 성취하고 싶은 욕구 그리고 자아실현의 욕구가 바로 그것이다. 일반적으로 사람들은 생리적인 욕구와 안전과 건강에 대한 욕구, 사랑과 소유에 대한 욕구를 충족시키기 위해서 노력한다.

동기부여의 계기는 개인적인 것이다. 어떤 사람은 끊임없이 꿈을 향해 나아가는 사람의 감명적인 연설을 듣고 성취 욕구와 자아실현의 욕구가 생긴다. 또 어떤 사람은 책이나 영화를 보다가 스스로 깨달음을 얻고 동기부여가 될 수 있다. 특히 학생은 입시를 치르기까지의 과정에서 지치지 않기 위해 칭찬, 보상, 당근과 채찍의 상벌, 경쟁 등의 다양한 방법을 통해 동기부여를 할 수 있다. 이토록 동기부여의 계기와 경로는 다양하다. 그렇다면 동기부여에 있어 실패의 문제는 어떻게 다뤄야 할까?

무엇보다 자신에게 스스로 동기를 부여하여 꿈을 향해 이끌어가는 것은 중요하다. "준비하지 못하면 실패를 준비하는 것과 같다.^벤" 이 말은 실패했다고 마냥 주저앉아 있으면 또 다른 실패를 준비하는 것과 같다는 의미이다. 실패한 후 방황을 하더라도 또 다른 기회를 위한 준비의 시간이라고 생각해야 한다. 자신의 실패를 성장을 위한 동기부여제로 삼는다면 인생에서 실패는 소중한 경험이 된다. 타인들의 삶에 지나치게 관심이 많은 사람은 자신의 삶에 이슈가 없기 때문이며, 자신의 내면을 가꾸고 행복해지는 방법을 모르는 사람들이다. 그렇기 때문에 우리는 타인들의 삶으로 분산된 시선을 거두고, 나 자신의 내면을 돌아보는 일에 힘써야 한다.

멘토의 관점으로 미래를 상상하라

동기부여하는 가장 좋은 방법은 멘토를 만드는 것이다. 어떤 삶을 살고 싶은지, 어떤 일을 하고 싶은지를 정한다. 그리고 내가 원하는 삶을 살았던 사람들을 찾아 어떤 것을 취하고 버려야 하는지를 결정해 실천의 단계를 계획해보자. 예를 들어 갑자기 체중이 늘어난 사람은 닮고 싶은 날씬한 여배우의 사진을 냉장고에 붙여놓고, 냉장고 문을 열 때마다 그 사진을 보며 마음을 다잡는다.

귀 기울여야 하는 것은 내 마음의 소리이지,
나의 열정을 비웃는 소리가 아니다.

현재 내 모습은 중요하지 않다.

나 자신에게 동기부여를 해서 꿈을 이루려는
노력으로 만들어진 미래의 내가 중요하다.

이 경우 그 여배우가 체중감량을 위한 '멘토'가 되는 것이다. 멘토는 모든 면에서 닮고 싶은 사람이라기보다는 내가 목표로 삼은 인생의 측면에서 배울 게 많은 사람이다. 겸손하게 낮추고 배우는 자세로 지식과 지혜를 더 많이 채워넣자. 현재 배우는 것을 포기하고 멈춰 서 있다면, 지금 나에게 동기를 부여할 수 있는 대상을 찾아보도록 하라.

가난해서 뭔가를 할 수 없다고 생각하는 것은 핑계에 지나지 않는다. 이때 가난은 내가 극복해야 할 과제이며, 가난마저도 동기부여제로 사용해야 한다. 미국 대통령인 아브라함 링컨은 학교를 1년 다닌 게 전부였지만, 독학으로 학위를 마친 후 변호사가 되었고 결국 대통령이 되었다. 앤드류 카네기 역시 초등학교를 중퇴하였고, 포드 자동차의 창시자 헨리 포드 역시 대학을 다니지 않았다. 배우 숀 코네리도 가난하게 자라 고등학교를 중퇴해야 했다. 현대그룹의 창립자 정주영 회장 역시 가난을 극복하여 자기 분야에서 성공을 이루었다. 자신이 잘하는 분야를 개발하라. 계속해서 발전시키기 위해 노력한다면 언젠가 내가 원하는 모습이 될 수 있을 것이다.

나만의 길을 찾자

다른 사람들과 똑같은 절차를 거쳐야 한다는 생각을 버려야 한다. 대학 학위가 없다는 것과 가난으로 인한 열등감은 더 잘될 수 있는 나의 미래를 가로막는 것이다. 대학을 졸업하고 좋은 회사에 취직을 하여 전문가가 되는 사람도 있지만, 전문가가 된 다음에 학위를 받아도 문제될 것은 없다. 나의 꿈을 이루고 성장시키는 것에 동기부여를 하는 것이 중요하다.

귀 기울여야 하는 것은 내 마음의 소리이지, 나의 열정을 비웃는 소리가 아니다. 가난한 환경이 아니라 가난으로 인해 비뚤어진 마음, 열등감에서 벗어나야 하는 것이다. 이루려고 노력하고 싸워 성취하는 용기가 있다면 더 나은 미래가 나를 기다리고 있다. 하지만 막연히 '잘 될 거야'라는 마음은 동기부여가 아니다. 반드시 하겠다는 의지를 갖고 지금의 나와는 다른 내가 되기 위해 끊임없이 나 자신을 설득해나가는 끈기와 용기가 필요하다. 현재 내 모습은 중요하지 않다. 나 자신에게 동기부여를 해서 꿈을 이루려는 노력으로 만들어진 미래의 내가 중요하다. 그리고 그 꿈을 남의 꿈과 비교하지 말자. 나만의 꿈, 그것이 작건 크건 이뤄간다면 마음 그릇은 커지게 될 것이다.

내 꿈을 위해
동기부여를 하라

동기부여 훈련 제1단계 : 꿈을 꾸고 이루기 위해, 실패를 극복하고 앞으로 나아가기 위해 무엇보다 동기부여(자신의 꿈을 향해 원동력이 되어주는 희망과 목표)가 필요하다.

동기부여 훈련 제2단계: 멘토를 만들자. 내가 목표로 삼은 인생의 측면에서 배울 게 많은 사람을 멘토로 만들고 자주 접촉하자. 나의 꿈을 이루도록 돕는 촉매제 역할을 해줄 것이다.

동기부여 훈련 제3단계 : 관점을 바꾸어 보자. 가난한 환경을 탓할

게 아니라, 가난을 원망하는 열등감에서 벗어나야 한다. 불리한

환경이나 상황 또한 동기부여제로 이용하자.

동기부여 훈련 제4단계: 내가 잘할 수 있는 것을 개발하여 나만의

길을 찾아보자. 집중해야 할 것은 내 마음이다. 내 열정을 비웃는

남들의 소리는 무시하자. 더 나은 미래를 위해서는 끊임없이

나를 설득해나가는 끈기와 용기가 필요하다. 끊임없이 나 자신을

동기부여해서 꿈을 이루려는 노력으로 만들어진 미래의 나를 꿈꾸자.

03

진실한 마음

나의 진짜 모습 깨닫기

거짓은 노예와 군주의 종교다.
진실은 자유로운 인간의 신이다.
– 막심 고리키

옛날 한 나라에 허영심 많은 임금이 있었다.
어느 날 그 임금에게 거짓말쟁이 재봉사들이 세상에서 가장 아름다운 옷을 만들어주겠다며 찾아왔다. 재봉사들은 임금에게 옷을 만들어주는 척 시늉만 하였고, 의심하는 임금에게 "이 옷은 어리석은 사람에게는 보이지 않는 옷입니다"라고 말한다.

사실 임금은 아무 옷도 입지 않은 벌거벗은 상태였지만, 신하들은 어리석다는 소리를 들을까봐 멋지다고 칭찬하며 옷이 보이는 척했다. 옷이 완성되었다는 재봉사들의 말에 임금은 백성들에게 자랑하고 싶어 거리행진을 하게 된다. 벌거벗은 채 거리를 행진하는 임금에게 어느 누구도 벌거벗었다는 말을 하지 못했다. 그때 한 어린 아이가 "임금님이 벌거벗었다!"라고 소리를 쳤고, 그제야 사람들은 모두들 "벌거벗은 임금님"이라고 소리치며 웃어댔다.

사람들은 진실이 무엇인지 알고 있으면서도, 거짓을 진실인 양 자기 자신을 속일 때가 있다. 진실을 알고 있다는 사실이 자신에게 오히려 해가 될 때 '알면 다쳐!'라는 생각으로 숨기며 모른 척한다.

진실 너머의 진실

진실이 눈앞에 있어도 말할 수 없는 것과 반대로 진실이 숨어 있어 모를 때도 있다. 그래서 남에게 속고 사기를 당하기도 한다. 하지만 병든 사회의 피해자가 되지 않기 위해선 자신을 보호할 수 있는 힘이 있어야 한다. 달콤한 말, 화려한 장면 뒤에 감춰진 진실을 파악할 줄 알아야 한다. 사기를 쳐서 성공하느니 영예롭게 실패하는 것이 낫다. ^{스포클레스} 내 손으로 일구지 않은 것들을 탐하게 되면 결국 그 죗값은 내가 받을 것이기 때문에, 실패하더라도 명예와 자존심을 지켜야 한다.

성공에 목마른 어떤 한 남자가 대학 유학 중 우연한 기회에 만나게 된 기업의 회장과 친해져 비자금 세탁을 도와주며 벤처 기업가로 신문에 나며 유명인이 되었다. 그러나 해외 수출을 하는 척 서류를 위조하여 은행에서 거액을 받아 유용한 사실이 발각되면서 실형을 선고받았다. 그가 수감된 사이 친구들은 그가 사기를 쳐서 마련한 빌딩을 비슷한 수법으로 낚아채 갔다. 결국 그는 복역 중 정신질환까지 생겨 정신병원에 입원하게 되었다.

그는 자신이 아직도 어마어마한 기업가라고 생각한다. 두 개의 박사학위를 가진 실력자라고 주장하면서 사기로 재기할 기회를 모색하고 다닌다. 그는 현실과 환상 사이에서 헤매며 살지만, 그 가족 외에는 누구도 약에 의존하여 불안한 영혼을 달래는 그의 숨겨진 실체를 알지 못한다. 소설에나 나올 법한 이런 사람이 현실에 존재하고, 우리들이 그런 사람들의 모습을 알지 못한 채 살아가고 있다니 끔찍한 일이다.

사람들은 자신이 보고 싶은 것만 보고, 듣고 싶은 것만 듣기 때문에 이런 사람이 옆에 존재한다 해도 그 실체를 파악하지 못한다. 안다 하더라도 용감하게 나서서 "당신은 벌거벗었습니다"라고 말하지 못한다. 그래서 세상의 진실은 모두 드러나 있고 열려 있는 듯하지만, 많은 진실은 침묵에 의해서 혹은 의도치 않게 감춰져 있다. 벌거벗은 것이 보이지만 말하지 않을 수 있고, 눈이 가려 벌거벗은 것을 보지 못할 수도 있다. 보이는 게 전부가 아닌 것이다.

누군가 웃고 있어도 속으로 울고 있을 수 있고 아름다운 용모를 갖고 있어도 마음은 탐욕과 질투, 증오로 가득 차 있을 수 있다. 복잡하고 다양한 사람들이 살고 있는 이 세상에서 우리는 자신을 보호하고 다치지 않고 살아가기가 쉽지만은 않다. 세상을 아름답지 못하게 만드는 것은 물질에 집착하는 마음이다. 갖고 싶은 것을 위해서는 무엇이든 하겠다는 욕심이 현실의 진실에 침묵하게 하는 것이다. 욕심은 언제나 화를 부르게 마련이다.

내가 억울한 일을 당했는데 세상 사람들은 나를 가해자인 양 괴롭히고 곱지 않은 시선과 폭언을 일삼는다면 큰 상처가 되고 힘들어질 것이다. 하지만 그럴 필요도 없다. 내가 힘든 것은 오로지 나의 문제일 뿐 세상은 그대로 돌아가고, 나 외의 다른 사람들은 내 고통에 대해 잘 알지 못한다. 이럴 때에는 귀를 막고 눈을 감고 나만의 세상에 집중하라. 어떻게 하면 더 행복해질지, 어떻게 하면 더 아름답게 살지 생각하고 실천하라. 그저 묵묵히 자신의 영혼에 힘을 더 불어넣으며 시련을 헤쳐나가 세상에 도움이 되는 쓸모 있는 사람이 되어라. 이것이 자신을 괴롭히는 사람에 대한 진정한 복수이자 용서이다.

깊이 바라보라

한 사람에 대해 그리고 하나의 사실에 대해 진실을 바라보는 눈을 키우려면 깊이 바라볼 줄 알아야 한다. 판단하는 나의 눈이 올바른지, 전달하는 상대방의 입이 객관적인지, 사실을 표현하는 갖가지 형용사들이 과장되거나 거짓된 것은 아닌지 합리적으로 의심을 할 줄 알아야 한다. 순수하지 않아서 의심하는 것이 아니라 나의 안전을 위해 의심해봐야 한다. 나를 지켜주는 것은 나 자신밖에 없다는 생각으로 타인의 의도에 대해 생각해볼 필요가 있다.

우리는 어떤 사람의 인생을 평가할 때 그 사람이 살아온 발자취를 살펴본다. 누구나 살아가면서 한두 가지의 실수는 하기 마련이다. 하지만 타인에게 피해를 입히기 위한 의도된 실수이며, 진정한 참회의 시간을 갖지 않는 악인들과 어울려서 살아갈 때 선인들이 피해를 당하는 것은 당연하다. 악인이나 사기꾼은 따로 분류가 되어 있는 게 아니라 우리 안에 존재한다. 내가 마음을 어떻게 먹느냐에 따라 악인이 될 수도 있고, 선인이 될 수도 있다. 그래서 인간의 여러 속성 중 어떤 부분이 두드러져 있는지 볼 줄 아는 눈이 있어야 한다.

세상에는 시기, 질투, 음모, 증오, 사기, 살인 등 상상할 수 없을 정도의 끔찍한 일들이 매일매일 벌어지고 있다. 하지만 그 속에서 우리가 중심을 잡고 살아갈 수 있는 것은 맑고 영롱한 에너지 덕분이다. 그 에너지를 담아 아무 감정도 이입되지 않은 진실의 눈으로 세상을 바라보아야 한다. 진실을 보지 못해 상처 입은 피해자가 되었을 때 그 상처를 극복하고 일어날 수 있는 방법은 망각이다. 니체는 망각을 하지 못하는 인간을 소화불량 환자에 비유하였다. 그만큼 인간에게는 망각이 필요하다는 뜻이다.

이렇듯 우리는 망각이란 장치를 통해 과거를 놓아버리고 현재를 살아갈 수 있다. 망각은 분노의 마음을 놓아버리고 용서로 향하는 길이다. 의지를 갖고 순간순간 그 상처를 꺼내보면서 서서히 치유해나가야 한다. 오로지 복수만을 꿈꾸는 것은 어리석은 일이다.

'임금님은 벌거숭이'라고
말할 수 있는 용기를 가져라

남들보다 많은 것을 볼 수 있는 혜안이 있다고 사람들에게 주장하며, 그들이 알지 못하는 것을 진실이라고 말한다면, 진실을 보지 못하는 사람들은 그 사람을 미치광이나 바보로 만들어버릴 수 있다. 눈이 하나인 세상에서 눈이 두 개인 사람은 정상적으로 받아들여지지 않는다. 그렇기 때문에 누구에게 진실을 말하는지도 아주 중요하다. 타인을 이해할 수 없는 자신만의 잣대와 편견으로 똘똘 뭉친 사람들에게 임금에게 벌거벗었다고 말하는 순간, 멋진 옷을 입고 있다고 철저히 자기기만에 빠져 있던 왕은 웃음거리가 될 수 있다. 하지만 중요한 것은 진실을 볼 줄 아는 눈이고, 남이 나를 어떻게 보든지 "당신은 벌거벗었습니다"라고 말할 수 있는 용기이다.

나의
진짜 모습 깨닫기

세상의 진실은 모두 드러나 있고, 모두를 향해 열려 있는 듯

보이지만, 진실은 침묵에 의해 감춰져 있는 경우가 더 많다. 진실에

침묵하게 하는 것은 다름 아닌 욕심이다.

내가 마음을 어떻게 먹느냐에 따라 악인이 될 수도 있고, 선인이 될

수도 있다.

상대방이 하는 말이 진실이라고 믿고 싶은 것은 욕심이 시키는

일이다. 훈련된 생각을 통해 의심을 해보는 것은 나의 안전을 위해

반드시 필요하다.

중요한 것은 진실을 볼 줄 아는 눈이고, 남이 어떻게 보든지 간에

'당신은 벌거벗었습니다'라고 말할 수 있는 용기를 가져야 한다.

04

긍정의 마음

알라딘의 요술램프를 켜자

할 수 있는 것도 할 수 없다고 생각하면 할 수 없다.
할 수 없는 것도 할 수 있다고 믿기에 할 수 있는 것이다.
— 미야게 세츠레이

그리스 신화에서 미다스는

술의 신 디오니소스의 양아버지인 시레노스가 길을 잃고 헤매는 것을 발견하고 돌봐주었다. 열흘째 되는 날 시레노스는 아들인 디오니소스에게 돌아가게 되고, 미다스가 큰 도움을 주었다고 말한다. 이에 디오니소스는 감사의 표시로 소원을 하나 들어주겠다고 한다. 미다스는 머리를 짜내 만지는 모든 것이 금으로 바뀌게 해달라는 소원을 말한다. 미다스는 디오니소스가 소원을 들어주었는지 확인하려고 집에 돌아가는 길에 길가의 나뭇가지를 하나 잡아보았더니 금으로 바뀌었다. 하지만 그의 손이 닿는 모든 것은 금으로 바뀌어버려서, 먹을 수조차 없었다. 또한 사랑하는 사람들마저도 그의 손이 닿으면 금으로 변했다. 절망감에 빠진 미다스는 디오니소스에게 찾아가 이 소원을 물려달라고 청하였다. 그러자 디오니소스는 팩토루스 강의 깨끗한 물로 씻으면 금으로 바뀌는 능력과 욕심을 부린 죄가 다 씻긴다고 알려준다. 결국 미다스는 욕심 때문에 단 한 번 주어진 기회를 아픔만을 남긴 채 잃게 된다. 오늘날엔 '미다스의 터치'가 하는 일마다 성공하여 부를 일궈내는 능력이란 의미로 쓰이지만, 그 능력을 제대로 사용하지 못하면 결국 자신에게 치명적인 해를 끼치게 된다.

요술램프보다 중요한 것은 열정이다

미다스의 손을 갖게 되면 결국 그 손이 자신에게 해를 끼치는 사건이 생기게 된다. 하지만 우리는 모두 '소원을 말해봐!'라고 말하는 요술램프를 가지고 있다. 하지만 이 또한 착한 사람 눈에만 보이는 건지 우리의 눈에 보이지는 않는다. 무명연예인이 한 번의 기회를 만나 갑자기 대스타 반열에 오르면, 우리는 마치 왕자를 만난 신데렐라 보듯 바라본다.

그러나 그 사람이 정상에 오르기까지의 여정을 듣고 나면, 최선을 다했다는 것을 알 수 있다. 사람에게는 저마다 다른 능력이 있고, 그 능력을 남과 비교할 필요도 없다. 써먹어야 하는 각각의 용도에 맞는 능력을 갖고 태어난 것이기에, 그 능력으로 돈을 더 많이 벌 수도 있고 더 행복하게 살 수도 있다. 그런 능력의 주머니가 우리에게 오장육보 외에 하나씩 더 달려 있다. 그런데 우리는 그 주머니를 잊고 살다가, 요술램프의 지니에게 가장 적합한 소원을 비는 대신 욕심에 눈이 멀어 가장 많이 '소유'하게 될 수 있는 재력만을 빌고 만다.

현실이 절망스럽고 고달플수록 자신의 숨겨진 능력을 일깨워서 당차게 살아가야 한다. 아흔아홉 고개를 넘으며 인생의 굴곡을 다 맛본 후에야 그 사람의 인생이 어땠는지 답이 나오는데, 이제 스무 고개도 못 넘고 '내 인생만 불행해'라는 푸념을 할 필요는 없다. 요술램프의 지니는 아흔아홉 고개를 넘는 동안 스무 고개를 넘을 때 나타날 수도 있고, 마흔아홉 고개를 넘을 때 나타날 수도 있다. 중요한 것은 나에게도 요술램프가 있다는 확신을 갖고, 무슨 소원을 빌지 생각하며 사는 것이다.

아직 내가 원하는 것을 얻지 못한 이유는 절실히 바라는 마음의 자세를 갖추지 않고, 이것도 욕심내고 저것도 욕심내며 에너지를 집중시키지 못했기 때문이다. 결혼이 그 예이다. 자신의 체면과 남이 나를 어떻게 보는지에 대한 평가에만 늘 신경을 쓰면서, 상대방에 대한 배려도 없고 자신의 내면도 가꾸지 못한 사람과 살면 미다스와 같은 어리석은 짓을 했다는 것을 알게 될 것이다. 자신이 가장 원하는 것을 갖지 못하는 것은 결국 자신의 욕심으로 가질 수 있는 기회를 상실했기 때문이다. 그래서 소원을 비는 사람의 마음 자세가 중요하다. 요술램프의 지니는 인생에서 딱 한 번만 나타난다. 그렇기 때문에 지니가 나타나는 그 순간, 지금 내가 갖고 있는 능력 혹은 숨겨진 능력을 발휘할 수 있는 기회로 만들어야 한다.

나의 잠재력을 깨우라

내게도 요술램프가 있다고 생각하면 인생이 얼마나 즐겁겠는가. 더 많은 물질의 소유를 비는 대신 나의 능력으로 이룰 수 있는 것을 바라자. 신발 한 짝으로 왕자를 만나거나 왕자의 키스로 깨어나는 공주 이야기는 현실에 없다. 왕자와 공주의 덕이 아니더라도 내 인생은 스스로 개척할 수 있다. 나에게는 아직 사용하지 않은 비장의 무기인 요술램프가 있다는 것을 잊지 말자.

나 자신에 대한 확신으로 자신이 하는 일에 정진해보자. 아흔아홉 고개 중 몇 번째 고개를 넘었건, 지금 일기예보가 '천둥번개 치고 폭우가 쏟아진다'고 하더라도, 요술램프의 지니가 '소원을 말해봐'라고 말하기를 바라지 말고 삶을 치열히 계속 살아나가야 한다. 희망의 끈을 놓지 않고 삶을 긍정적으로 바라보자. 포기하지 말고 끝까지 아흔아홉 고개를 넘어가보자.

긍정심을
기르려면

내가 가장 원하는 것을 갖지 못하는 이유는 결국 나의 욕심으로 가질

수 있는 기회를 상실했기 때문이다.

건강하고 행복한 인생을 살기 위해 자신의 능력으로 이룰 수 있는

것들을 생각해보자.

램프의 요정 지니가 '소원을 말해봐'라고 말하기를 바라지 말고,

스스로 삶을 열정적이고 치열하게 살도록 내 삶을 내가 주도해야

한다.

인생을 포기하지 말고 인생의 아흔아홉 고개를 내 힘으로 넘어갈 수

있는 힘을 길러야 한다.

05

시련과 좌절

포기하기 전까진 실패가 아니다

실패는 인정할 수 있다. 모든 사람이 무언가에 실패하기 마련이니까.
하지만 시도하지 않는 것은 용납할 수 없다.

– 마이클 조던

위대한 발명가 토마스 에디슨은

1,093개의 미국 특허와 그 외 해외 특허를 보유하고 있지만 그의
발명이 모두 성공했던 것은 아니다. 하지만 그는 "난 실패한 게 아
니다. 난 그저 효과가 없는 1만 가지 방식을 발견했을 뿐이다"라는
명언을 남겼다. 실패를 바라보는 그의 여유는 성공한 사람만이 가
질 수 있는 시각이 아니라 시도해본 자만이 가질 수 있는 시각이다.

시도하는 과정에서 자신의 꿈을 이루지 못할 수도 있다. 그렇다
해도 무엇이라도 한 번 해보고 패배자가 되는 것과 해보지도 않고
패배자로 남는 것은 전혀 다른 일이다. 한 번 실패했다가 재기하면,

또 다시 실패해도 재기할 수 있다. 이미 재기를 경험했기 때문이다. 파올로 코엘료는 "당신이 알아야 하는 모든 것을 당신은 여행 과정에서 이미 배웠다"라는 말로 성공과 실패를 떠나 시도하는 과정 자체의 중요성을 강조한다.

실패자와 실패 경험자

실패에 당당한 법은 실패에 대한 핑계를 대지 않고 인정하는 것이다. 실패의 원인을 분석하고 자신의 자만과 실수를 발판 삼아 다시는 반복하지 않는 것이다. '실패'는 살면서 치러야 하는 수십 번의 감기와 같다. 건강한 사람에게 감기는 치료하면 나을 수 있는 가벼운 질병으로, 그 사람 인생 전체를 망가뜨리지는 않는다. 마찬가지로 '실패'도 하나의 현상이며 인생에서 굴곡을 겪을 때마다 다시 닥칠 수 있는 사건이다. 실패를 사건으로 여기고 처리할 수 있으면 자신은 실패자가 아니다. 하지만 한 번의 실패에 무릎을 꿇는다면 당신은 실패자이다. 당신은 살며 크고 작은 무수한 실패를 겪을 것이며 이때 정신을 가다듬고 재기하지 않으면 '실패'의 경험자가 아니라 '실패자'가 된다.

파올로 코엘료는 "인생 매 순간마다 우리 모두는 한 발은 동화에 다른 한 발은 구렁텅이에 담고 있다"라고 말한다. 그렇다면 우리는 성공한 순간에도 실패에, 실패한 순간에도 성공에 몸담고 있는 셈이다. '실패는 성공의 어머니'라는 격언은 이렇듯 실패와 성공이 공존하기 때문에 생겨난 표현일지도 모른다. 그래도 누구나 실패 앞에 서는 막막해진다. 결혼의 실패, 사업의 실패, 인간관계의 실패, 취업의 실패 등 실패의 종류는 다양하며 대처 방법 역시 많다. 절망하고 무너져서 괴로워하며 살아 있는 것이 죽음과 같다는 생각을 한다는 것 자체가 놀라운 경험이다. 쓰디쓴 실패 후에 달콤한 성공이 기다린다 하더라도, 실패 이후 방황하는 기간을 경험하지 않고서 재기한다는 것은 불가능하다. 아무리 근사한 삶을 사는 사람이라도 고통을 안고 있게 마련이다. 하지만 삶은 앞으로 나아가거나 멈춰 서 있을 수는 있으나 뒤로 돌아갈 순 없다. 힘들어서 잠시 멈추었다 갈 순 있어도 인생 자체는 걸음을 멈출 수 없는 여행이다. 때론 느긋하게, 때론 서둘러서 자신의 템포를 조정하며 나아가야 한다.

실패나 충격적 경험으로 인해 가슴에 숨겨둔 상처가 있다면 영혼을 치유해야 한다. 마음에 새겨진 상처가 영혼을 파괴하기 전에 치유를 해야만 본래 영혼의 에너지를 되찾을 수 있다. 자신에게 상처가 된 그 경험을 겪기 전 자신에게 좋았던 기억들을 차례로 떠올려보는 것도 하나의 방법이다. 그 사건이 자신의 고귀한 영혼을 손상시키지 않고 하나의 현상으로 지나가게 해야 한다. 사건에 감정을 개입시키지 말고 사건을 꺼내어 객관적으로 바라보아야 한다. 그리고 상처를 준 가해자가 있다면 그 대상에게 연민을 갖고 용서해야 자신의 영혼이 비로소 빛을 찾을 수 있다.

시련의 묘미

시련의 묘미는 그것을 극복하는 사람에게 더 큰 성취감을 안겨준다는 데 있다. 잘난 사람도 무수한 실패를 경험했다는 사실을 기억하라! 영화계의 거장 스티븐 스필버그는 남가주대학 영화과에 지원했다가 수차례 탈락했다. 《해리포터》의 작가 조앤 롤링은 아이를 키우며 가난에 허덕이는 작가로 작품 출간을 계속해서 거절당했다. 지금 그들이 거장으로 불리지만, 우리 모두가 겪을 법한 실패의 아픔을 겪었다. 타고난 재능도 있겠지만 실패하고 다시 도전하고, 또 실패해도 다시 도전하는 끈기가 있었다.

하지만 실패한 후에는 언제나 망가질 시간이 필요하다. 방에 틀어박혀 몇 달을 나오지 않건, 밤새 펑펑 울건 자신만의 방식으로 자신을 위로하고 설득할 시간이 필요하다. 하지만 이렇게 자신을 극한 상황으로 내몰면 건강한 에너지가 사라질 수 있으니 멈춰야 하는 시점을 정해두자. 문제는 이런 학대를 지속할 때이다. 이런 학대의 시간에 머물다 보면 '아, 이렇게 놀고먹으며 살 수 있으면 좋으련만. 이것도 나쁘지 않은데'라는 생각으로 게을러지게 될 수 있다.

자신을 유혹하는 이런 생각과 타협하며 바닥에 주저앉으면 다시 실패하는 것에 대해 극도로 두려움을 느끼게 된다. 이런 두려움으로 평생을 폐인으로 살아가게 될 수도 있다. 이는 실패에 대한 좌절이 아니라 '적당히 게으르게 살기'라는 일종의 현실 도피인 것이다.

이런 삶은 위험하다. 몸과 뇌를 적극적으로 사용하지 않고 수동적인 삶에 익숙해지면 부정적인 사고방식이 자리 잡게 된다. 모택동은 "수동성은 치명적이다. 우리 목표는 적을 수동적으로 만드는 것이다"라고 했다. 이처럼 수동성은 사람을 무력화시키는 가장 강력한 무기이다. 아무것도 하지 않고 숨만 쉬고, 먹고 자는 삶에 익숙해지면 미래에 대한 불안이 스멀스멀 기어 나오게 되고, 그런 불안한 마음을 감추려고 더욱 현재의 '게으름' 놀이에 탐닉하게 된다.

몰입과 탐닉은 다르다. 몰입은 긍정적인 에너지와, 탐닉은 부정적 에너지와 연결된다. 두 가지 모두 중독성 있는 행위이지만, 그 결과는 다르다. '우두커니' 있는 상태로 한동안 살아보는 것은 긍정적인 에너지를 다시 발산하기 위해 필요한 시간이다. 하지만 '한동안'이어야 한다. 한동안 자신을 몰입하지 않은 상태로 내버려두는 것은 재충전의 시간이 된다. 이를 통해 다시 몰입할 수 있는 힘을 얻을 수 있다. 하지만 탐닉에 중독된 상태로 전환된다면 영원히 몰입하지 못하고 우두커니 살아가게 된다. 한동안 우두커니 있는 삶은 부정적인 상태를 내려놓고 궤도를 점검하여 수정하는 시간이어야 한다. 결코 자신을 포기하는 시간으로 만들어서는 안 된다. 이 시간을 극복할 수 있는 힘은 자신에 대한 사랑과 신념 그리고 주위의 따뜻한 시선이다.

살면서 겪는 갖가지 문제, 특히 충격적 사고로 인한 트라우마나 우울증, 중독 등의 문제는 물론 자신이 원하는 진로를 개척하는 과정에서 발생하는 소소한 문제까지 인생에서 헤쳐 나가야 하는 문제들은 많다. 만일 이런 문제들에 대한 대처법을 알지 못한다면 삶의 균형이 깨지거나 자신이 원하지 않는 방향으로 삶을 몰아갈 수 있다. 이때 필요한 것이 마인드 컨트롤이다. 의식을 의도적으로 조정하여 자신이 원하는 성공, 문제해결, 행복을 추구하는 방법이 마인드 컨트롤이다.

자신의 잠재력을 인지하고 통제함으로써 자신이 직면한 문제들은 그저 일시적으로 닥친 문제일 뿐, 자신의 실체가 아니라는 점을 인식하고 극복하여 긍정적 에너지를 이끌어내는 것이다. 이는 불교의 기본 원리와도 상통한다. 불교에서는 자신을 비우고 내려놓으라고 한다. 이처럼 마인드 컨트롤을 통해 분노, 절망, 혐오감 같은 부정적 감정이 자신의 실체가 아니라 그저 지나가는 하나의 현상이라고 인지하고 휘둘리지 않는 훈련을 통해 부정적 감정을 떨쳐낼 수 있다. 더 나아가 '나는 할 수 있다', '나는 행복한 사람이다', '나는 쓸모 있는 사람이다'라고 의도적으로 자기암시를 함으로써 부정적 사고와 가치관을 극복하고, 낙관적으로 생각하고 행동하도록 하는 훈련이 마인드 컨트롤인 것이다.

마인드 컨트롤은 바꿔 말해서, 자긍심을 높이는 훈련이기도 하다. 자신의 가치에 대한 자신감을 불어 넣어 자신과 타인, 더 나아가 세상을 보는 방식을 바꾸게 된다. 또한 스스로에게 앞으로 나아갈 동기를 부여하기 위해서도 마인드 컨트롤이 필요하다. 예를 들어, 빈곤한 가정에 태어났지만 가문과 선조의 업적이 대단했고 자신이 그들의 후손이라는 것을 지속적으로 주입 받은 사람과 부유한 가정에 태어나 살지만 부모가 남을 배신하고 이용해서 돈을 번 졸부라는 사실을 수치스럽게 여기며 돈을 흥청망청 쓰는 사람이 있다면 둘은 후에 엄청난 삶의 질적인 차이를 보일 것이다. 즉 자신의 가치에 대해 자긍심을 갖고 있는 전자 쪽이 더 긍정적이며 바람직한 삶을 살아가게 되고, 오로지 물질적 풍요만 누리며 자긍심이 낮은 후자는 정신적인 공허함에 방황을 하게 된다. 만일 후자도 마인드 컨트롤을 통해 자신이 무한한 가치를 지닌 사람이라는 것을 인지하고 돈의 가치가 아닌 정신적인 가치를 인식하고 발전시킨다면 물질적인 풍요의 힘을 입어 더 큰 발전을 할 수 있다.

이렇듯 마인드 컨트롤은 자신에 대한 인식전환을 하는데 중요한 기법이다. 인생은 스스로 수많은 대화를 하며 가꿔나가는 것이므로 자신의 가장 중요한 상대 또한 자신이다. 자신이 지금 마치 황량한 사막에 있는 것처럼 느껴지는가. 그렇다면 생 텍쥐페리의 《어린왕자》에 나오는 이 말을 기억해두자. "사막은 아름다워. 사막이 아름다운 건 어디엔가 우물이 숨어있기 때문이야. 눈으로는 찾을 수 없어, 마음으로 찾아야 해." 지금 실패로 좌절하고 절망하는 순간 눈에 보이는 것은 황량한 사막이겠지만 그곳에 바로 오아시스가 있다는 것을 기억해두자. 눈이 아니라 마음으로 희망을 찾으려 하면 반드시 그 오아시스가 보인다.

좋거나 나쁜 것은 없다.
단지 생각이 그렇게 만들 뿐이다.
생각은 영혼이 자신과 대화하는 것이다.
생각만큼 중요한 것은 없다.

나에 대한 생각, 타인에 대한 생각, 세상에 대한 생각,
삶에 대해 부정적인 상황에서 벗어나는
생각 훈련을 하라.

그럼 성공 가능성은 활짝 열리게 될 것이다.

직시 : 고통과 나를 분리시키자

실패한 사람들이 좌절하여 우울증을 겪다가 자살이라는 극단적인 선택을 하는 경우가 있다. 독일 철학자 칸트는 고통을 피하기 위해 자살을 하는 것은 좋은 상황을 유지하기 위해 죽음을 도구로 삼는 것이며, 인간은 물건이 아니므로 도구로 사용되어서는 안 된다고 하였다. 헤겔 또한 인간에게는 자살을 할 권리가 없다고 주장하였다. 이 철학자들의 주장을 빌리지 않더라도 우리가 자살하지 말아야 하는 이유는 자살이 현실대처능력을 상실한 사람의 현실도피에 지나지 않기 때문이다. 누구나 사람은 자신만이 이해하는 방식으로 삶의 고통을 경험하게 된다. '왜 나에게만 이런 시련을!'이라고 생각하며, 삶에 대한 애착을 놓아버린다.

반복되는 실패와 시련뿐 아니라 우울한 마음 상태만으로도 사람들은 자살을 생각하곤 한다. 자살은 문제에 대한 해답이 아니라 자기 파괴의 한 형태일 뿐이라는 것을 알면서도 고통에 대한 면역력이 부족한 사람들은 낙담하고 절망할 때, 죽음을 생각한다. 죽고 싶다는 생각은 누구에게나 들 수 있다. 자살을 생각하는 사람들은 흔히 경제적인 빈곤, 사람들로부터 받은 비난과 모멸감, 삶의 목표 상실로 인한 우울증이 주요 원인이다. 또 사업 악화, 지속적인 실업 등으로 인해 경제적 압박을 받을 때, 그리고 그 과정에서 타인에게 빚을 지게 되어 심리적 압박과 죄책감이 동반될 때 자살을 택하는 사람들이 있다. 그리고 친구들에게 왕따를 당하거나 성적이 떨어져 괴로운 마음을 어찌지 못해 순간적인 충동으로 자살을 택하는 사람들이 있고, 경제적으로 여유 있고 사회적으로도 인정받는 삶을 살다가 목표가 상실되면 인생무상을 느끼고 자살을 택하는 사람도 있다. 겉으로 보기에 이런 문제들은 모두 물질이나 인간관계와 관계된 듯 보이지만, 사실은 자기 내면의 문제이다.

어렸을 적부터 거시적 안목을 갖고 세상을 바라보는 훈련이 안 된 사람들은 자신이 처한 상황으로 인한 고통을 하나의 현상이라 보지 않고 자기 자신과 동일시한다. 훈련이 되었다 하더라도 큰 위기가 닥치거나 상상을 초월한 충격을 받으면 중심을 잃게 된다. 이 순간에 자신을 놓아버리지 않으려면 더욱 강한 영혼의 에너지가 필요하다. 주변의 소중한 사람들을 둘러보고 자신을 치유하기 위해 현실을 잠시 내려놓고 여행을 떠나보자. 돈이 없으면 조용한 암자를 찾아가도 되고 장기 임대하는 제주도 원룸을 찾아가도 된다. 포기하기 위해서 떠나지 말고 다시 일어나기 위해서 떠나보자.

'왜 나에게만 이런 시련이'라는 생각에서 벗어나라. 이런 생각을 지속하면 삶에 대한 애착을 놓게 된다. 톨스토이는 인간이 태어나서 죽을 때까지 육체를 빌려 살아가는 과정의 인간 모습을 '동물적 자아'라고 표현했다. 우리가 빌려 쓰는 이 육체는 끊임없이 변하는 물질에 지나지 않으며, 의식 또한 불변하는 것이 아니다. 그렇기 때문에 인간의 생애 동안 변하지 않는 의식은 존재하지 않는다. 참 생명은 언제 태어난지도 모르고, 사라지지도 않는 소멸되지 않는 가치, 즉 항상 있는 가치라고 톨스토이는 말했다. 40~50대가 되면 사람들은 인생을 아는 듯 착각한다. 하지만 자신을 깊이 생각해보지 않고 그저 나이가 들었다고 해서 삶의 이치를 깨닫게 되는 것은 아니다. 결국 인간의 의식과 영혼이 육체의 옷을 벗어버릴지라도 계속 존재하는 존재라고 생각하면, 죽음을 통해 당장의 고통스러운 현실에서 도피하려는 생각에서도 벗어날 수 있다.

영혼은 살아 있다. 인생을 90년의 삶이라고 생각했을 때, 그 삶에 대한 지도를 그리고 현재를 점으로 찍어 멀리 바라보자. 멀리서 보면 지금의 고통 받는 현실은 그저 하나의 작은 점에 지나지 않음을 알 수 있다. 지금의 고통이 그저 하나의 현상일 뿐이라는 것을 인지하기 위해 고통이란 단어를 쓰고, 멀리 떨어져 바라보라! 그리고 파올로 코엘료가 말했듯이 우리가 구렁텅이에 한 발을 담고 있는 동안에도 다른 한 발은 동화 속에 담고 있다는 사실을 깨닫자. 절망에 침잠하지 말고 희망에 눈 뜨는 것, 그것이 지금 우리에게 필요하다.

시련을
극복하려면

'실패'는 인생을 살면서 걸리는 감기와 같다. 하지만 정신을 가다듬고
재기하기 위해 노력하지 않으면 '실패'의 경험자가 아니라 '실패자'가
된다.

시련의 묘미는 그것을 극복하는 사람에게 더 큰 성취감을 안겨준다는
데 있다.

시련을 극복하는 데는 한동안 '우두커니'의 상태로 살아보는 것도
좋다. 하지만 이것은 '한동안'이어야 한다. 한동안 우두커니 있는
삶은 부정적인 상태를 내려놓고 궤도를 수정하는 시간이다. 결코
자신을 포기하는 시간으로 만들어서는 안 된다.

'나는 할 수 있다', '나는 행복한 사람이다', '나는 쓸모 있는
사람이다'라는 자기암시를 통해 부정적인 사고와 가치관을 극복하자.
그리고 낙관적으로 생각하고 행동하자.

'왜 나에게만 이런 시련이!'라는 생각에서 벗어나자.

06

두려움 극복하기

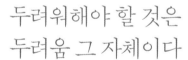

두려워해야 할 것은
두려움 그 자체이다

두려움을 느끼는 바로 그곳으로 뛰어들어라.
– 티베트 불교

우주에는 지구처럼 생물들이

생존가능한 행성이 400억여 개가 있다고 한다. 우주에서 바라보면
지구는 하나의 점에 지나지 않지만, 그 점에 불과한 지구에 '나'란
존재가 있다. 그러나 이 지구에서도 나란 존재는 티끌과 같다. 멀리
서 자신을 바라보면 우주의 점 속에 있는 티끌보다 작은 존재인데,
지금 내가 겪고 있는 두려움이 뭐 그리 대단한 것이겠는가?

그렇다면 인간의 존엄성은 어떻게 설명할 것인가? 빅뱅이론에
따르면 동전만 한 크기였던 우주가 팽창하여 현재의 우주를 이루었
다고 한다. 마찬가지로 티끌에 지나지 않는 인간이라는 존재가 합
쳐져 우주를 이룬 것이므로, 나란 존재는 작지만 큰 것이다. 그래서

존재에 대한 의식은 티끌의 중요성을 인식하는 데에서부터 시작해야 하고, 두려움에 대한 의식은 티끌의 미미함을 인식함으로써 이해해야 한다.

두려움은 두려운 마음에서 생겨난다

우리가 두려워해야 하는 것은 두려움 그 자체이다.^{벤저민 프랭클린} 두려움은 아직 발생하지 않은 미래에 대한 감정일 경우가 많다. 실패에 대한 두려움, 질병에 대한 두려움, 상처받을 것에 대한 두려움, 죽음에 대한 두려움, 사랑하는 사람을 잃는 것에 대한 두려움 등이 그것이다. 이러한 미래에 대한 두려움이라는 감정이 사람들의 대처능력을 마비시키는 것이다. 하지만 사실 두려움은 직접적 경험뿐만 아니라 간접적 경험인 학습에 의해 생겨나는 것이다.

두려움 중 가장 기본적인 것이 불편에 대한 두려움이다. 추워지면 먹을 음식이 적어질까봐 저장식품을 만드는 것이나 추위에 대비해 난방시스템을 갖추는 것도 추위라는 불편을 겪게 될 두려움에서 벗어나기 위해서이다. 이렇듯 사람들은 죽음에 대한 두려움보다 끝까지 잘 살아내는 것에 대한 두려움이 가장 크다. 노후에 더 이상 경제력이 없을 때 어떻게 살아가야 할지, 병에 걸려 병석에 눕게 되었을 때 어떻게 살아가야 할지 등이 바로 그것이다. 아직 발생하지 않은 일이지만, 가장 큰 문제인 현실적 문제, 즉 경제력에 대한 두려움 때문에 사람들은 항상 두려움을 느끼며 살아간다.

두려움은 착시효과다

발생하지 않은 미래에 대한 두려움은 현실의 행복을 놓치고 싶지 않은 마음에서 비롯된다. 살면서 '만약에' 벌어질 일들에 대한 준비가 되어 있지 않다보니 미래에 대한 두려움이 증폭되는 것이다. 간혹 살아온 인생을 돌아보며 지은 죄가 너무 많으면 죽음이 두려워질 수 있다. 이는 알지 못하는 사후세계에 대한 두려움이다. 이러한 종교적 가르침도 사람이 두려움을 느끼게 하는 데 한 몫 한다. 하지만 대부분의 두려움은 그저 마음에서 발생하는 감정일 뿐, 현실이 아니다. 안 좋은 일이 발생할 거라고 미리 예측하는 것은 자신의 마음 상태일 뿐이다. 그 두려움을 극복하기 위해서는 그 길에 이르지 않기 위한 방향으로 현실을 살아가야 한다.

발생하지 않은 미래에 대한 두려움보다 더 큰 두려움은 현재의 장애나 실패로 인해 미래의 삶이 초라해질 것을 염려하는 마음이다. 유명한 추리 소설가 애거서 크리스티는 어린 시절 난독증을 겪었고, 글쓰기를 두려워했다. 하지만 그녀는 이를 극복함으로써 세계적인 베스트셀러 작가가 될 수 있었다. 앨버트 아인슈타인은 학습장애가 있어 배우는 속도가 더뎠고, 찰스 다윈은 평균 이하의 지능 수준이라는 평가를 받았으며, 에디슨은 멍청하다는 평가를 받았다. 하지만 이들 모두 자신의 장애나 단점을 두려워하지 않고 극복함으로써 대가가 되었다.

미국의 방송 토크쇼 호스트인 오프라 윈프리는 인종차별, 강간, 학대 등 모든 부정적 경험을 두려움 없이 극복해낸 여성이다. 20세기 최고의 부자로 손꼽히는 그녀는 9세에 성폭행을 당했고, 14세에 임신을 하게 되었다. 가장 수치스러운 이 경험을 그녀는 솔직하고 당당하게 고백함으로써 대중에게 공감을 얻고 인정받게 되었다. 그리고 미국에서 가장 영향력 있는 인물이 되었다.

장애나 경험했던 충격적 사건을 두려워하며 자신의 미래를 포기하였다면, 이들은 지금 대가의 위치에 서 있지 못했을 것이다. 대가란 남다른 유전자를 가진 사람들이 아니라 두려움을 극복할 수 있는 강한 정신력을 가진 사람이다.

그렇다면 우리는 왜 이런 두려움을 갖고 살아가는 것일까? 그 이유는 잘살고 싶기 때문이다. 잘사는 것의 반대말은 '처절하게 사는 것'이거나 '처절하게 죽는 것'이다. 왜 인간은 이 두 가지 두려움을 극복하기 어려운 것일까? 그 이유는 현재에 열정을 갖고 최선을 다해 살아가지 않기 때문이다.

"죽음에 대한 두려움은 삶에 대한 두려움에서 생긴다. 인생을 활기차게 살지 못하는 사람은 언제라도 죽을 준비가 된 것이다." ─마크 트웨인 두려움의 근원을 들여다보면 두려움의 원인이 되는 나의 문제들은 누구보다 나 자신이 잘 인식하고 있다. 시간제 일을 5가지나 하며 사는 사람이 있다. 이 사람은 현재를 치열하고 열정적으로 살아가고 있기 때문에 미래에 대해 걱정할 시간이 없다. 현재를 살아가는 것도 벅차기 때문에 닥치지 않은 미래를 걱정할 여유가 없다. 이 사람은 적어도 현재를 '충실하게 살아가는 방법'을 배워나가고 있는 것이다. 자신은 더 나은 재목으로 쓰여야 한다며 베짱이처럼 현재를 소비하거나, 나태한 생활에 중독된 사람에게 더 나은 미래가 올 리 없다. 그들의 미래 모습은 현재와 다르지 않을 것이다.

지금 실행하라

두려움을 극복할 수 있는 방법은 내가 두려워하는 그 일, 혹은 그 일에 대비하는 일을 지금 실행하는 것이다. 또한 나 자신에게 삶에 대한 긍정적인 태도를 주입할 수 있는 다양한 책을 읽어가며 의식의 변화를 시도해야 한다. 스스로 극복할 수 없다면 전문가의 도움을 받을 수도 있다. 내가 두려워하는 것을 친한 친구나 가족에게 이야기하며 속내를 털어놓거나, 일기를 쓰며 문제의 본질을 파악하는 것도 중요하다. 정말 극복할 수 없는 두려운 일이라면 포기하는 것도 한 방법이다.

지금 허우적거리고 있다면 그 몸짓은
진흙탕에서 빠져나와
다음 탐험을 하기 위한 몸부림이다.

탐험은 계속되어야 한다.

탐험은 생각을 넓어지게 하고,
인생을 보는 눈도 달라지게 한다.

대기업 입사시험에 수차례 떨어지는 것이 두렵고, 현실적으로 버텨나갈 힘이 없다면 눈을 살짝 돌려 다른 대안을 찾아보는 것이 좋다. 여러 가지 대안이 있음에도 나의 아집 때문에 무리하게 고집을 부리고 있는 것일 수도 있기 때문이다. 왜 꼭 그것이어야만 하는가에 대해 답을 제시할 수 있어야 한다. 그래야만 나의 열정을 다할 수 있다. 설득력이 없는 도전이라면 과감하게 포기할 수 있어야 두려움에서도 벗어날 수 있다.

죽음에 이르기까지 잘살아가는 것이 값진 삶이라는 대명제를 바탕으로, 그 여정에 열정을 다한다면 두려움에서 벗어날 수 있다. 삶이 숭고한 영혼의 여정이라는 것을 인정하는 태도야말로 진정 가치 있는 삶, 두려움을 극복할 수 있는 길이다.

두려움을
극복하려면

두려움이 생기는 이유는 지금 이 순간 열정을 가지고 최선을 다하지

못하기 때문이다. 두려움을 극복하는 방법은 내가 두려워하는 그것을

지금 바로 실행하는 것이다.

정말 극복할 수 없는 두려운 일이라면, 포기도 좋은 방법이다.

내가 왜 극복해야 하는지 스스로 설득할 수 없다면 포기하는 것이

맞을지도 모른다.

나의 삶이 진정 가치 있다고 느껴질 때, 두려움은 눈 녹듯이 사라지게

된다. 미래에 대한 두려움을 극복하는 가장 좋은 방법은 지금

이 순간을 충실하게 사는 것이다.

07

사랑

서로의 존재를 이해하는 것

사랑은 두 몸에 하나의 영혼이 깃드는 것이다.
– 아리스토텔레스

그리스 신화에서 푸시케는

지나치게 아름다운 외모로 인해 미의 여신 아프로디테의 시기를 받는다. 어머니 아프로디테의 명령을 받고 푸시케를 벌하기 위해 간 에로스는 오히려 잠든 푸시케를 보고 사랑에 빠지고 만다. 에로스는 어머니의 명령을 거역하고 푸시케를 신부로 맞이한다. 하지만 푸시케의 행복을 질투한 그녀의 언니들은 푸시케에게 밤에만 자러 오는 에로스를 괴물이라고 말하며, 밤에 등불을 비춰 에로스의 존재를 확인해보라고 한다. 언니들의 말에 의심을 품은 푸시케는 잠든 에로스를 보기 위해 등불을 비췄고, 뜨거운 등잔 기름이 에로스에게 떨어지고 만다.

에로스는 자신을 의심한 푸시케에게 화를 내며 날아가 버린다. 자신의 잘못을 뉘우치고, 에로스에 대한 진실한 사랑을 깨달은 푸시케는 모진 역경과 시험을 거쳐 결국 아프로디테에게 용서를 받고 에로스의 마음을 다시 얻게 된다. 푸시케는 '영혼'을 의미하며, 에로스는 '사랑'을 의미한다. 온갖 역경과 고난을 이겨낸 후에야 사랑에 도달할 수 있는 것, 이것이 영혼을 가진 인간들이 사랑을 얻기 위해 겪어내야 하는 과정일 것이다.

어떤 형태의 사랑이건 사랑을 주고받는다면 영혼의 에너지가 충만해진다. 아리스토텔레스는 "사랑은 두 몸에 하나의 영혼이 깃드는 것이다"라고 말한다. 즉 하나의 영혼이 두 몸에 나뉘어 사는 게 아니라, 별개의 영혼이 사랑을 통해 에너지를 공유하면서 하나의 영혼으로 합쳐지는 것이다. 하지만 그러기 위해선 거쳐야 하는 시험이 있다. 사람들의 시기, 질투에 굴복하지 않고 더욱 마음을 굳건히 하여 헌신하고 이겨내는 일이다.

사랑, 끊임없이 헌신하는 일

"사랑은 감정적인 문제만이 아니라 행동이 뒤따라야 한다. 에리히 프롬, 《사랑의 기술》" 이 말은 사랑에는 행동이 필수적이라는 의미로 다가온다. 상대에 대한 상상에서 비롯되었건, 육체적인 바람에서 비롯되었건 간에 인간 존재에 대한 진실한 해답은 바로 사랑에서 찾을 수 있다. 메마른 영혼에 온기를 불어넣어 자신의 삶을 더욱 가치 있게 만드는 것이 사랑이다. 푸시케가 언니들의 꼬임으로 에로스의 존재를 확인하려 했듯이, 사랑은 언제나 의심을 동반하여 찾아온다. 완전한 사랑에 이르기 위해 거쳐야 하는 시험 과정인 것이다.

인간은 사랑을 하는 과정에서 성숙해지는데, 사랑이 바로 영혼과의 만남이기 때문이다. 하지만 타인을 사랑하기 위해서는 먼저 자신을 사랑하는 것이 중요하다. 모나지 않고 사랑으로 충만한 자신이 되어야 타인을 제대로 사랑할 수 있고 사랑을 전할 수 있다. 하지만 대부분의 사람들은 자신을 사랑하는 법조차 모르기 때문에 더더욱 타인에 대해 사랑을 표현할 줄도 모른다.

자신이 고슴도치인 줄도 모르고 사랑하는 마음에 상대를 자꾸 안으려 들면 상대는 찔리기 싫어서 도망갈 것이다. 타인을 사랑하고 사랑받기 위해서는 먼저 자신의 내면에 관심을 기울여야 하며 자신의 상처받은 마음을 위로해줘야 한다. 그래야 자신의 안에 사랑이 충만해져 비로소 진정한 사랑을 표현할 수 있는 것이다.

자신을 갈고 닦아 사랑하는 마음이 성숙해지고 충만해지지 않은 상태에서 사랑을 시작하면 때때로 사랑하는 마음의 표현을 자제하려고 한다. 자신이 덜 표현해야 상대에게 더 사랑받을 수 있다고 생각하기 때문이다. 이는 남녀 간의 사랑에서 밀고 당기며 긴장감을 유지해야 한다고 생각하는 사랑의 한계성 때문이다. 사랑은 동시에 시작되지만 끝나는 시점은 다를 수 있다. 때문에 사랑의 유효기간을 동일하게 유지하기 위해 소위 '밀당'을 하려고 하는 것이다.

하지만 성숙한 사랑은 상대를 소유하고 지배하는 것이 아니라, 자신의 믿음을 토대로 사랑을 잘 키워나가며 영원히 유지하려는 노력이다. 감정과 육체적 사랑의 불꽃은 어느 순간 식는다. 하지만 영혼이 결합된 사랑은 꺼질 불꽃도, 밀고 당길 간격도 없어지게 한다. 영혼이 결합된 사랑은 서로에게 안전한 대상이 되는 것이다. 그러나 사람들은 때때로 생각한다. 사랑의 대상에 대해 설렘이 사라질수록 자신이 사랑한 대상이 진정으로 자신이 원하는 존재인지 의심하게 되는 것이다. 결국 사랑의 감정에 대해 머릿속으로 계산하는 사람은 진정한 사랑을 이해하지 못한 것이다.

생각지도 않은 순간, 영혼을 함께하고 싶은 상대가 불시에 찾아오기도 한다. 순수한 열정을 바치고 싶은 상대를 보며 뒤늦은 후회를 하지만, 책임이냐 사랑이냐의 사이에서 갈등하며 각자의 선택을 하게 된다. 사랑은 나이, 국경, 거리, 금지를 초월하지만 소유를 위한 사랑은 결국 그 빛을 잃게 된다. 육체적 욕망의 충족을 위해 사랑을 놀이로만 생각하는 사람들은 타인을 속이며, 우월감 혹은 열등감을 이용해 다른 이성을 모색하는 과정에서 욕망을 개입시킨다. 즉 욕망이 큰 사람은 사랑의 본질에 접근하지 못한다.

사랑을 통해 영혼의 빛을 더욱 밝히며 긍정적인 에너지의 힘으로 삶의 이상향을 향해 함께 손잡고 나아갈 수 있어야 한다. 이를 위해서는 사랑의 마음을 올바른 대상에게 표현해야 한다. 금지된 욕망은 달콤해 보이지만, 이는 진정한 사랑이 아니라 섹스나 돈을 목적으로 한 탐욕적인 관계이다. 이것은 영혼을 파는 자기기만적 협잡일 뿐이다. 사랑하는 사람에게 자신의 것을 내주지 않고, 사랑만을 요구한다는 것은 사랑이라는 가면을 쓰고 순수하지 못한 계산이 들어간 흥정이다. 내 사랑의 진정성이 궁금하다면 상대를 위해 나 자신을 얼마나 헌신할 수 있는지 자문해보면 된다. 진정으로 헌신하며 사랑하지 않으면 두 영혼은 결합하지 못한다.

사랑의 표현: 따뜻한 영혼의 에너지를 전달하는 것

사랑을 하는 마음만큼 중요한 것은 사랑을 상대에게 전달하는 것이다. 상대에 대한 자신의 진실한 감정을 표현할 때는 아름다운 말, 진실한 눈빛, 행복한 미소, 따뜻한 손길 이 모든 것이 조화를 이루어야 한다. 마음은 다정하지만 애정 없는 눈빛으로 바라보고, 거친 말을 하면서 상대가 자신의 진정한 마음을 알아주기를 원하는 것은 모순이다. 우아함은 영혼의 내적 하모니를 외부로 표현하는 것이다. 윌리엄 해즐릿 따뜻한 영혼의 에너지는 따뜻한 말과 표정으로 우아하게 전달해야 비로소 진정한 마음이 전달되는 것이다.

진실한 마음을 표현하는 방법 중 하나는 감사의 표현이다. 어떤 형태의 사랑이건 자신이 상대를 진심으로 아끼고 존중한다면 그 존재에 대해 진실한 눈빛과 우아한 미소, 정확한 언어를 사용해서 마음을 전달해야 한다. 하지만 "감사는 표현해야만 하는 의무이지만 누구도 기대할 권리는 없다.^{장 자크 루소}" 즉 타인의 마음에 대해 고마워해야 하지만, 자신이 타인에게 베푼 것에 대해서는 보답을 받거나 감사인사를 기대해서는 안 된다. 서운한 감정은 상대의 마음이 나의 기대치에 못 미치거나, 내가 바라는 만큼의 사랑이 돌아오지 않을 때 생긴다. 줄 때는 '내 마음을 받아줘서 고마워'라고 생각하고, 받을 때는 '네 마음을 줘서 고마워'라고 생각하면 문제될 것이 없다.

그리고 타인에 대한 미움을 표현하기보다는 진정으로 상대를 생각하는 마음을 가질 수 있도록 노력해보자. 상대를 아끼는 마음에 시기, 질투, 욕망 등이 개입하지 않도록 하나라도 더 주고 싶은 마음을 갖도록 해보자. 부모가 자식을 위해 무조건적으로 희생하듯 나를 좀 더 내주면, 내가 내준 빈자리에 더 큰 사랑이 차게 된다. 나의 것을 내주고 나눠주는 마음 훈련을 통해 더 충만한 사랑에 이를 수 있는 것이다.

내 안에 사랑이 충만하지 않으면 상대에게 줄 사랑은 더더욱 적다. 이제 사랑이 충만해지도록 나의 마음을 보듬고 안아주고 달래주는 훈련을 해보자. 사랑스러운 갓난아기를 품에 안듯이 나의 영혼을 감싸 안아보자. "난 나 자신을 사랑해"라는 말로 내 영혼에 온기를 불어넣고 사랑하는 상대에게도 그 온기가 전해지도록 진실하게 표현해보자. 진실한 말을 하는 훈련, 감사를 전달하는 훈련, 상대의 존재를 감사하며 미소 짓는 훈련을 하나씩 도전해보자.

내 마음을
표현하기

마음 표현법 준비단계 : 진정한 사랑을 표현하기 위해서는, 먼저 나의
내면에 관심을 기울이고 상처받은 마음을 위로해야 한다.

마음 표현법 제1단계 : 진실한 말을 전하는 훈련
나의 말이 바뀌면 상대의 말도 바뀐다. 내 마음이 따뜻한 에너지로
채워지면 타인에게도 따뜻한 에너지로 가득 찬 마음이 전달된다.
진심어린 칭찬은 상대의 마음을 움직이는 가장 효과적인 마음
표현법이다.

마음 표현법 제2단계 : 감사하는 훈련

상대에게 베푼 선의로 행복해지는 것은 바로 '나 자신'이다. '내

마음을 받아줘서 고마워'라고 생각하고, 상대에게 감사의 마음을

받았다면 '네 마음을 줘서 고마워'라고 생각하자.

마음 표현법 제3단계 : 미소 짓는 훈련

진실한 눈빛과 우아한 미소로 감사의 마음을 충분하게 표현하라.

인사하고, 악수를 청하거나 도닥여주는 작은 스킨십도 아주 좋겠다.

08

질투와 욕심

내 것이 아니다

새 두 마리를 한 데 묶어 보라.
네 개의 날개를 갖는다 하더라도 날지 못할 것이다.

– 수피 명언

제우스의 아들 탄탈루스는

자신의 아들 펠롭스를 잡아 요리로 만들어 신들의 만찬에 내놓는 극악무도한 짓을 저질렀다. 또한 신들이 먹는 음식과 과즙을 훔쳐 인간들에게 주고 신들의 비밀을 누설한다. 탄탈루스의 행동에 격노한 제우스는 그를 지옥의 호수에 들어가게 하는 형벌에 처한다. 그 호수는 물이 가득하지만 탄탈루스가 물을 마시려고 몸을 숙이면 수면이 낮아져 절대 물을 마실 수 없었다. 또 호수 주변에는 과일이 열린 한 그루의 나무가 있었는데, 배가 고파 열매를 따려고 하면 나뭇가지가 위로 올라가 결코 열매를 따 먹을 수 없었다. 'tantalizing'은 '감질나게' 혹은 '애타게 하는'이라는 의미를 가지고 있는데, 탄탈루스의 이름에서 파생된 단어이다.

넘침은 모자람만 못하다

고대 그리스의 아폴로 신전에는 '어떤 것도 과도해선 안 된다'라는 글귀가 새겨져 있다. 적은 것만큼이나 많은 것도 해가 된다는 뜻의 '과유불급', 즉 중용의 원칙은 행복한 인생을 살기 위해 반드시 우리가 훈련해야 하는 부분이다. 특히 요즘처럼 물질적 풍요가 오히려 사람들의 건강한 정신을 해치는 물질만능의 시대를 사는 우리들에게 필요한 것이 절제이자 균형이다. 닿을 듯 닿지 않는 물질과 성공을 위해 자신을 던져버리는 야망에 사로잡힌 사람은 그 행동이 얼마나 위험하고 무모한 것인지 모른다. 그리고 반드시 얻을 수 있을 것 같아 애태우는 그 '대상'이 어쩌면 영원히 손에 닿을 수 없고, 자신의 인생을 파멸시킬 허상에 지나지 않는다는 것을 알아야 한다.

탄탈루스의 형벌은 인간 모두에게 내려진 형벌인지도 모른다. 성공이란 허울 속에 얻게 될 '부'를 갈망하지만, 좇아도 손에 닿지 않고 언제나 같은 거리를 유지하며 끝없는 갈증을 느끼게 한다. 남들이 가질 수 없는 걸 갖고, 더 편하고 안락한 삶을 살고 그리고 남들보다 우월한 위치에 서기 위해서 돈이 필요하다. 하지만 '돈'에 대한 끝없는 갈증과 욕망은 결국 인생의 본질에 대한 오해에서 비롯된다. 더 비싼 차를 몰고 더 화려한 삶을 살면서 물질적 만족만을 누려본 사람은 정신의 중요성을 잊을 수 있다.

인간은 소유한 것을 통해 자신의 존재를 정의한다. 결국 나란 존재가 아니라 내가 가지고 있는 것이 내 존재의 실체가 된다.에리히 프롬, 〈소유냐 존재냐〉 하지만 자신의 능력을 생산적으로 사용하는 사람은 소유 자체에 의미를 두지 않고 자신의 존재 자체에 의미를 둔다. 그래서 타인의 것을 질투하지도 않고, 자신의 것을 빼앗길까 두려워하지도 않는다. 자신이 소유한 것은 자신의 존재 그 자체이기 때문이다.

소유형 인간들이 물질을 손에 넣지 못하게 된다면 삶 자체의 의미를 상실하는 것으로 받아들일 수 있다. 하지만 이 세상이 오로지 먹고, 즐기고, 소유하고, 탐닉하는 향락적 인간들로만 가득 찬다면 더 혹독한 전쟁과 살인이 발생할 것이다. 인간의 본질에 소유에 대한 끝없는 갈망이 내재되어 있는 것은 맞지만, 물질의 소유가 인간의 존엄성을 앞선다면 그런 소유 자체가 그 사람의 인생을 좀먹게 된다. 맛있게 생긴 과일을 입에 넣고 씹을 때보다 먹는 걸 상상할 때 입에 침이 고이듯이 인간의 소유에 대한 갈망은 언제나 완벽한 만족을 모르고 계속 감질 나는 상태를 유지한다. 99억 원을 가진 부자가 1억 원만 더 있으면 100억 원을 채울 수 있다는 욕심을 부린다. 하지만 1억 원을 가진 사람은 100억 원을 만들겠다는 생각을 하지 않는다. 소유한 것이 늘어나면 늘어날수록 욕심이 더 커지기 마련이다.

오로지 진실한 삶을 살도록 나 자신을 돌아보자.

만일 의지를 잃고 방황하고 있다면
나에게 가장 소중한 추억을 떠올리고
의지를 단단히 하고

다시 한 발을 내딛어보자.

존재보다 물질이 앞서 갈 수 없다는 사실을 외면하는 삶은 나 자신도 물질의 일부로 귀속시킨다. 때문에 삶에 대한 주인의식을 가진 '주체'가 아닌 '객체'로 인생을 살게 된다.

텔레비전에서 지적 장애를 가진 두 아들이 연로한 아버지를 모시고 살며 매일 하루에 몇 시간씩 걸어서 아버지가 좋아하는 음료수를 사오는 걸 본 적이 있다. 그들의 효심을 보며 영혼의 에너지가 크고 밝은, 진심으로 행복한 사람들이란 걸 느낄 수 있었다. 온 마음을 다해 사랑할 수 있는 대상이 있고 그를 위해 몇 시간을 걸어서 음료수 한 병을 사오는 행위를 하는 동안 그들이 느꼈을 행복을 생각해보라. 그들은 물질적으로는 빈곤할지 모르지만, 마음이 닫혀 있는 우리의 모습보다는 훨씬 더 인간적이다.

내려놓고 비우며 살아가기

《반야심경》에서는 "이 세상에 고정불변의 것은 아무것도 없고, 모든 것은 비어 있다"고 했다. 마음 훈련은 자신이 비어 있는 존재라는 생각을 바탕으로 자신을 만들어가는 과정이다. 내가 겪었던 고통, 미움, 사랑, 상처, 증오의 감정들조차도 나 자신이 만들어낸 하나의 현상에 지나지 않는다. 이 비워진 공간에 좋은 에너지와 긍정적인 생각을 채워넣는 것이다. 하지만 채우기 전에 먼저 자신이 갖고 있는 부정적 에너지와 부정적 생각을 비워내야 한다. 다른 사람을 죽도록 미워하거나, 다른 사람의 험담을 취미로 삼는 사람들의 특성은 그 스스로가 미움을 받고 살아온 사람들이다. 마음속에 부정적 에너지가 가득하기 때문에 다른 사람을 사랑한다는 말을 하지 못하고 독설을 날리는 것이다.

미움의 다른 이름은 관심이다. 상대방과 교류하고 싶고, 관심받고 싶지만 그만큼 자신에게 관심이 돌아오지 않을 때 상대방을 미워하게 되는 것이다. 자신의 무의식적인 잣대로 상대방과 비교하고 괴롭히는 일을 하며 자신의 마음에 미움을 쌓는 것이다. 작가 강신주가 《철학 vs. 철학》에서 인용한 〈무문관〉의 내용이 떠오른다. 「바람 때문에 사찰의 깃발이 펄럭이고 있었다. 이를 두고 두 승려가 논쟁을 벌였다. 한 승려는 깃발이 펄럭인다고 하고 다른 승려는 바람이 펄럭인다고 했다. 둘의 논쟁이 해결되지 않고 반복되자 육조 혜능이 이렇게 말했다. '바람이 펄럭이는 것도, 깃발이 펄럭이는 것도 아니다. 너희들의 마음이 펄럭이고 있을 뿐이다.'」 시기심과 미움은 상대방의 마음이 아닌 바로 내 마음의 펄럭임이다.

부정적인 마음을 비워낸 후 마음 훈련을 통해 내면의 소리에 귀 기울이면 작은 시비나 구설, 미움 등은 마음속으로 들어오지 못한다. 우리는 다른 사람을 탓하기 전에 나 자신을 돌아봐야 한다. 부정적인 마음을 비워내고, 긍정적인 마음을 채우기 위해 노력해야 한다. 번뇌, 고통, 미움 등 부정적 에너지로 채워진 나와 행복, 사랑 등 긍정적 에너지로 채워진 나는 손과 손바닥처럼 내 안에 공존하는 양면이다. 긍정적 에너지가 더 많이 채워지면 부정적 에너지는 들어올 공간이 작아지다 결국 사라지게 된다. 그렇기 때문에 우리는 남을 평가하고 지적하거나, 나의 탐욕을 채우는 데 시간을 낭비하지 말고 '맑은 나'로 다시 태어나도록 전진해야 한다.

한 사업가가 120평 집에 살다가 사업이 망하여 그동안 자신들이 가지고 있던 것들을 모두 팔아치웠다. 팔지 못하고 남아 있는 것들은 어쩔 수 없이 쓰레기로 버려야 했는데, 그 양이 한 트럭이나 되었다고 한다. 열심히 돈을 벌기 위해 몰두해온 자신의 인생을 돌아보니 너무 무상했다고 한다. 10평 원룸으로 옮겨 부인과 단둘이 살게 되자 자신들을 돌아보는 시간이 훨씬 많아졌다. 함께 보내는 시간이 많아지고, 인생의 만족은 더 높아졌다고 한다. 물질적 풍요가 행복이라 여겨온 어리석은 인생에서 벗어나 진정한 삶의 본질을 찾은 것이다. 우리는 때로 물질의 홍수에서 벗어나 간소한 것만 갖추고 살아볼 필요가 있다. 적게 가졌을 때 행복할 수 있다면, 그것이야말로 가장 큰 삶의 지혜를 얻게 된 것이기 때문이다.

필요 없는 감정과 욕심을 모두 비워내고 행복을 위해 필요한 것들만 채우는 지혜를 배우자. 그러면 소유가 행복을 결정하지 않는다는 것을 알게 될 것이다. 이제 비워낼 것들을 찾아보자. 그리고 행복을 위해 넣을 것들을 찾아보자. 먼저 비우지 않으면 채워지지 않음을 명심하자.

소유가
행복을 결정하지 않는다

물질적 풍요가 오히려 정신적인 건강을 해치는 요인이 된다.

물질의 소유가 인간의 존엄성과 가치보다 앞선다는 생각이 인생을

좀먹게 한다.

내 삶에 대한 주인의식을 가져야만 비로소 주체적인 인생을 살 수

있다.

물질은 내가 소유하는 순간, 값어치가 줄어들게 된다.

돈을 버는 방법보다는 현명하게 돈을 사용하는 법을 길러야 한다.

09

분노 다스리기

내가 너에게 주었으니,
너도 나에게 주겠지

분노는 다른 사람에게도 피해를 끼치지만
분노를 드러낸 당사자에게는 더 많은 피해를 끼친다.
– 레프 N. 톨스토이

그리스 신화에서는 죽은 이들이 저승에 이르면
다섯 개의 강을 건너야 한다고 했다. 먼저 아케론 강에서는 자신의
고통을 씻어내고, 코키노스 강에서는 시름을 내려놓고, 불의 강인
플레게톤 강에서는 이승에 남아 있는 감정들을 태워버리고, 스틱스
강에서는 증오를 버리고, 마지막으로 망각의 강인 레테의 강에서는
이승의 모든 기억들을 지워버린다. 인간의 삶이 얼마나 고통스럽고
힘든 것이면 이 다섯 개의 강을 건너야 이승의 모든 고통, 시름, 감
정, 증오, 기억을 지울 수 있는 것일까?

왜 나에게만 이런 일이

우리는 매일의 삶에서 겪는 순간들이 만만하고 쉽지 않음을 알고 있다. 때로 자신에게 일어나는 좋지 않은 일들에 대해 '왜 나에게만 이런 일이'라며 타인들이나 세상에 대해 화를 낸다. 하지만 이렇게 생각해보자. 살아간다는 것이 얼마나 힘든 일이면 다섯 개의 강을 건너가야 모든 이승의 감정을 지울 수 있는 것인지. 살면서 쌓인 부정적인 에너지는 다섯 가지 저승의 강을 건너며 씻어버려야 할 정도로 지독히 부정적인 에너지일 게다.

시름, 증오, 고통 모두 이 세상에 살며 누구나 경험하게 되는 감정이기도 하다. 이런 부정적 감정들을 떨쳐내는 것은 물론 쉽지 않다. 하지만 부정적 에너지를 놓아주어야 하는 이유는 '부정적 감정'이 타인을 향한 것이 아니라 자기 자신에게 향해 있기 때문이다. "분노하는 마음을 계속 안고 있는 것은 다른 사람에게 던질 의도로 뜨거운 석탄을 잡고 있는 것이다. 불에 데는 것은 바로 당신이다.ᵇᵘᵈᵈʰᵃ" 즉 화를 내는 것은 분노를 쏟아내는 상대에 대한 피해보다 자신에 대한 피해가 더 큰 것이다. 자신이 행복하면 마음이 천국이고 자신이 불행하면 마음이 지옥이다.

상대에게 이유 없이 서운한 마음이 들고 화가 난다면 그 '화'에 대한 이유는 정확한 것이다. 바로 상대에게 뭔가를 기대하는 심리 때문이다. 나의 기대만큼 충족되지 않을 때 화가 나는 것이다. '내가 너에게 하나를 주었으니, 너도 나한테 하나를 줘야지'라는 계산하는 마음이 자신의 화를 돋우는 것이다. 바라는 마음 없이 상대에게 애정을 나누어준다면 이런 화는 생기지 않을 것이다. 자신이 무언가를 받고자 하는 상대는 나의 이러한 계산법을 알지 못한다. 상대가 알지 못하는 것을 나 혼자 계산하면서, 상대가 자신의 마음을 몰라준다고 생각하는 것은 자신의 그릇된 마음 탓이다. 혼자서 남에게 뭔가를 기대하며 만족하지 못하는 마음을 갖는 것은 애정결핍의 한 증상일 수 있다.

어떤 경우에는 잘못된 정보로 화를 갖게 될 수 있다. 충분한 대화가 부족할 경우 제3자의 개입으로 왜곡된 정보로 인해 감정의 오류를 범하고 화를 내게 되는 것이다. 예를 들어 두 사람의 우정을 질투한 한 친구가 "걔는 항상 뒤에서 네 욕을 하더라"고 반복적으로 말하면, 처음에는 믿지 않으려고 하겠지만, 반복적으로 듣다 보면 화가 치밀어 오르게 된다. 이때 제3자의 말만 듣지 말고 서로의 우정에 대해 확인해보았다면 이러한 화는 생기지 않을 것이다. 타인의 말에 휘둘리지 않으려면 자신의 내면의 소리에 더욱 더 귀 기울여야 한다. 그리고 그렇게 쉽게 제3자의 말에 휘둘릴 정도로 자기 감정 통제에 대한 훈련이 되어 있지 않음에 대해 반성해야 한다.

분노의 뿌리는 내 안에 있다

분노는 격렬한 표현으로 전달되기도 한다. 거짓된 미소나 무관심한 척하는 행동, 말대꾸를 하지 않고 피하는 행동 그리고 폭음이나 폭주 등으로 자신을 괴롭히는 행동이나 뒷담화를 반복적으로 하는 행동, 자신의 잘못이 아님에도 계속해서 사과를 하는 행동 등으로 인한 수동적인 형태도 있다. 상대에게 무관심한 척하며 안으로 화를 삭이는 것은 자신에게 해를 입히는 행위이다. 이와는 반대로 미워하는 사람을 따돌리고 자신이 언제나 이야기의 중심이 되기 위해 허세를 부리고, 위협적인 제스처를 취하거나 예기치 않는 무차별적인 폭행의 행위처럼 적극적으로 분노가 표출되기도 한다.

어떤 사람이 분노를 표출할 경우 현재 상황의 일시적인 문제라기보다는 이전에 받은 상처를 마음에 품고 있다고 현재 상황에 맞닥뜨리게 되었을 때 표출되는 것이다. 특정 상대에게 화를 내고, 곧바로 사과하는 행동을 반복하는 사람은 상대가 자신이 기대한 것만큼 알아주지 않을 때 서운한 마음이 차곡차곡 쌓임으로써 표출되는 것이다. 헤어진 여자 친구를 찾아가 다시 만날 것을 종용한 한 남자가 있었다. 그 남자는 그녀가 자신의 마음을 받아주지 않자, 결국 살인이라는 극단적인 행동을 했다. 이는 자신의 마음을 상대에게 거부당했다는 사실이 극단적인 방법으로 표출된 것이다. 이렇듯 극단적 분노의 표출은 자신과 타인의 인생에 돌이킬 수 없는 해를 입히게 된다.

"분노는 이해의 부족에서 비롯되며 분노의 가장 큰 원인은 그대 자신 안에 있다. 다른 사람들과 주변 상황은 단지 부수적인 요인일 뿐이다.^{틱낫한}" 화를 내는 대상은 상대가 아니라 바로 나 자신인 셈이다. 자신이 원했던 모습이 아니라는 현실, 다른 사람에게 인정받지 못한다는 현실 그리고 근사해 보이지 않는다는 현실 등으로 자신에 대해 화가 나 있는 것이다. 그리고 한순간을 구실로 삼아 자신의 화를 표출하게 되는 것이다. 하지만 자기 자신에 대한 기준은 타인의 시선일 필요는 없다.

나의 내면을 제대로 들여다보고 올바른 방향으로 자신의 마음을 훈련시킨다면 화를 표출할 구실을 찾을 필요는 없을 것이다. '다 너 때문이야', '이 세상에서 나만 불행해', '왜 내게 그런 기분 나쁜 질문을 하는 거야'라며 자신을 피해자로 만들어 화를 내는 습관은 병적인 피해의식 때문이다. 예를 들어 부모에게 지속적으로 학대를 받은 경우 이런 피해의식으로 화를 품고 살아가게 될 수 있다. "약한 자들은 용서를 할 수 없다. 용서는 강한 자들의 특성이다.^{마하트마 간디}" 스스로 강해져야 부정적인 감정에서 벗어날 수 있다. 이러한 부정적인 감정의 고리에 갇혀서는 타인은 물론 자기 자신도 용서할 수 없다. 복수라는 칼을 가슴에 품고 있다면 결국 그 칼날에 다치는 사람은 나 자신이다.

부정적 에너지를 없애야 내 영혼이 긍정적 에너지로 가득 찰 수 있다. 그러기 위해선 에너지의 전환이 필요하다. 부정적 에너지를 없애기 위해선 화를 내고, 미워하고, 원망에 집중하는 시간을 줄일 수 있도록 적극적으로 자신을 건강한 활동에 집중시켜야 한다. 예를 들어 에너지가 많이 필요한 자전거 타기나 달리기나 등산 등의 운동을 한다. 또한 신나는 음악에 맞춰 춤을 추거나, 배꼽이 빠질 정도로 웃긴 코미디를 보면서 부정적 에너지를 날려버린다. 바다와 산의 녹색과 파란색을 눈에 담고 마음에 담아오면 부정적 에너지가 사라진다. 아름다운 것을 보고 듣게 되면 미운 감정이 사라지는 건 당연한 일이다. 그리고 때로는 조용히 눈을 감고 심호흡을 하며 명상을 하거나, 피톤치드가 풍부한 숲으로 가 내면의 나와 대화를 하며 마음의 위로를 얻는 것이다.

지속적으로 내면의 변화를 추구하며, 분노와 미움 같은 부정적 에너지를 긍정적 에너지로 바꾸는 훈련을 통해 타인을 미워하고 화를 내는 빈도를 줄이고, 화가 오래 지속되지 않도록 해보자. 화를 한 번 낼 때 마다 한 번씩 자신을 불로 지지고 있다는 것을 기억하자. 마음 그릇에 사랑을 더 많이 담으면 분노의 양은 작아질 것이다. 어린아이를 안아주듯이 자신의 영혼을 보듬어 안고 "난 사랑받는 아름다운 영혼이야"라고 말해보자.

부정적 에너지를
없애기

상대에게 화가 나는 이유는 뭔가를 기대하는 심리 때문이다.

다른 사람의 말에 쉽게 마음이 휘둘린다는 것은 나의 감정에 대한

통제가 되지 않기 때문이다.

화를 내는 대상은 상대가 아니라 나 자신이다. 내가 원했던 모습이

아니라는 현실, 다른 사람에게 인정받지 못한다는 현실 때문이다.

스스로 강해져야 부정적인 감정에서 벗어날 수 있다.

나의 내면을 긍정적인 에너지로 채울 수 있도록 변화시켜야 한다.

지속적으로 자신의 영혼을 보듬어 안아주자.

두 번째 마음 훈련

생각하기
마음을 바꾸는 〈생각 노트〉

관점? 좋거나, 나쁘거나!

,

생각이 만든다

좋거나 나쁜 것은 없다. 단지 생각이 그렇게 만들 뿐이다.
– 윌리엄 셰익스피어

미국의 국민화가로 불리는
'모지스 할머니'가 있다. 평범한 가정주부였던 모지스 할머니의 취미는 자수를 놓는 것이었다. 그녀는 나이가 들어 관절염으로 더 이상 자수를 놓지 못하게 되자, 76세부터 그림을 그리기 시작했다. 그리고 101세 되던 해, 세상을 떠나기까지 붓을 절대 놓지 않았다.

시골 구멍가게에 전시되어 있던 모지스 할머니의 그림은 수집가 루이스 칼더의 눈에 들어왔고, 이것을 계기로 할머니는 미술계에서 일약 스타가 되었다. 오랫동안 자수를 놓으면서 사물에 대한 시각적 인지능력이 향상되었고, 그래서 자연스럽게 그림 그리기로 재능을 확장시킬 수 있었던 것이다. 하지만 76세에 화가의 길로 들어선다는 것은 결코 쉬운 일이 아니다. 매우 놀라운 도전이다.

생각이 바뀌면 인생이 바뀐다

생각의 중요성에 대해 윌리엄 셰익스피어는 "좋거나 나쁜 것은 없다. 단지 생각이 그렇게 만들 뿐이다"라고 하였다. 알베르 까뮈는 '생각은 영혼이 자신과 대화하는 것'이라고 하였다. 즉 뇌의 정보를 끄집어내는 것은 생각이지만, 정보는 학습과 경험에 의해 획득한 것과 무의식적으로 받아들여진 정보까지 포함한다.

관습적인 방식대로, 습관적이며 무의식적으로 생각을 해온 사람들은 자신의 생각과 인식으로 만들어진 틀을 변화시키지 못한다. 그저 그 틀 속에 들어 있는 정보의 순서를 바꿀 뿐이다. 이것은 상자에 들어 있는 초콜릿의 순서를 뒤바꾼 정도에 지나지 않는다. 이에 대해 철학자 윌리엄 제임스는 "아주 많은 사람이 그저 자신들의 편견을 재정리할 뿐이면서 자신들이 생각을 하고 있다고 생각한다"고 말했다.

생각의 틀 자체를 바꾸는 것은 불가능하지만, 현대 심리학에서 말하는 '긍정의 심리학'을 이용해보자. 이것은 한 사람이 가진 부정적인 측면을 배제하고 긍정적인 측면, 즉 장점을 최대한 살려 긍정적인 생각을 확장해나가는 것이다. 그 사람 자체의 문제점이나 단점을 한순간에 바꿀 수는 없지만, 문제점이나 단점을 완화시키고 긍정적인 측면을 부각시킴으로써 점차적으로 생각의 변화를 유도하는 것이다.

먼저 내가 잘하는 것과 잘 못하는 것에 대해 구분을 해보자. 물론 자신이 잘하는 것을 제외한 모든 것이 잘 못하는 것은 아니다. 앞에서 말한 모지스 할머니처럼 사람들이 똑같은 발달단계를 밟는 것은 아니며, 잠재된 능력이 늦은 나이에 발현되기도 한다. 그러므로 자신의 능력을 부정적으로 특정 짓는 것은 가장 위험한 생각이다. 나의 부정적 생각을 긍정적 생각으로 변화하는 훈련을 해야 한다.

긍정적인 생각으로 변화하는 마음 훈련은 자기 자신에 대한 생각뿐만 아니라 타인에 대한 생각도 포함된다. 심리학 용어에 '피그말리온 효과'가 있다. 피그말리온 효과는 무언가에 대한 사람의 믿음, 기대, 예측이 실제로 일어나는 현상을 말한다. 피그말리온이라는 명칭은 그리스 신화 속의 피그말리온 왕에서 유래되었다. 피그말리온 왕은 자신이 조각한 여성상을 진심으로 사랑하게 되었고, 이를 지켜본 미의 여신 아프로디테가 그의 소원을 들어줘 여인의 조각상을 인간으로 만들어주었다고 한다. 이처럼 타인에 대한 기대는 좋은 결과를 유도한다. 예를 들어 직원들이 학습 활동에 더 많이 관여하면 할수록 상사의 기대치도 더 높아지고, 그 결과 직원들은 더 많은 학습 활동에 참여한다. 이와 마찬가지로 직원들의 상사에 대한 기대치도 상사의 행동을 변화시킨다.

반대로 타인의 단점을 반복적으로 언급하여 질책하다 보면, 상대방은 자신의 실제 잠재력을 전혀 발휘하지 못하고 무능력자로 전락하고 만다. 따라서 타인에 대해 생각을 하고, 말을 할 때는 그들의 장점을 최대한 부각시키고 단점은 최소화하는 훈련을 해야 한다. 동시에 생각과 말이 일치될 수 있는 훈련이 필요하다.

내가 말하는 방식에는 생각이 교묘히 숨어 있다. 예를 들어 말로는 칭찬하고 있는 것처럼 보이지만, 말투에 비아냥거림이 섞여 있다면 진실하게 상대방을 칭찬하는 것이 아니다. 상대방을 시기하는 마음을 숨기고 평소에는 다정하고 칭찬하는 말들을 하지만, 결정적인 순간에 상대방의 약점을 드러내는 질문을 한다. 그렇게 되면 상대방은 많은 사람 앞에서 자신의 약점을 스스로 드러내게 된다. 이런 패턴이 반복되면 집단 내에서 그 사람에 대한 가치와 기대감은 낮아진다.

사람들의 기대가 낮아지면 그 사람은 자신의 실력에 대해 자신감을 잃고 능력을 최대한 발휘할 수 없게 된다. 이것은 피그말리온 효과의 반대 개념인 '골룸 효과'이다. 영화 〈반지의 제왕〉에서 골룸은 어두운 동굴에서 사람들을 피해 숨어 살면서 자신의 능력마저도 숨겨지게 된 것이다. 이렇듯 자신이 예기치 않게 타인의 전략적 '디스'의 대상이 되어 사람들에게 부정적 이미지로 각인될 수 있다. 자기 자신과 타인에 대한 부정적인 생각은 생각 훈련을 통해 긍정적으로 변화시킬 수 있다. "마음 혹은 생각의 진실성이 중요하다"라는 말처럼 긍정적인 생각 훈련을 한다면 말과 생각을 긍정적인 방향으로 동일시하여 감동을 줄 수 있다.

　또한 자신만의 독립적인 생각 훈련을 해야 한다. 자신의 생각 없이 수동적인 방식으로 살다 보면 창의적이나 독립적인 사고를 할 수 없게 된다. 타인의 의견을 경청하여 도움을 얻을 수 있으려면 의견의 홍수 속에서 삶의 지표가 될 수 있는 의견을 골라내는 자신만의 생각 훈련을 통해서만 가능하다. 남들과 다르지 않기 위해 휩쓸리는 행동을 했다면, 인생의 방향성에 대해 다시 생각하며 지금까지의 생각을 리셋해야 한다. 이제 필요한 것은 나의 생각대로 삶을 실천할 수 있는 훈련이다.

미래를 만드는 생각의 힘

　생각 훈련에서 가장 중요한 것은 동기부여이다. 목표를 실현하는 데 있어 '그래야만 하는 이유'를 찾아내야 한다. 이것은 설득력 있는 원동력이 될 것이다. 이것을 자신의 생각 속에 깊게 심어놓아야 한다. 예를 들어 세계여행을 가고 싶다는 생각을 하고 있다면 '세계여행을 통해 지금과 다르게 탄력적으로 살아가는 법을 배워 자유롭게 살겠다'라고 여행의 이유를 생각 속에 깊게 각인시킨다. 그럼 그 생각이 절실해져 실천으로 옮기게 되는 동기부여가 된다.

　생각만큼 중요한 것은 없다. 자신에 대한 생각, 타인에 대한 생각, 세상에 대한 생각, 미래에 대한 생각을 자신의 환경에 맞게 무의식적으로 하고 있다면 성공의 가능성은 그만큼 작아지게 된다. 생각 훈련을 통해 부정적인 상황에서 벗어나는 생각을 한다면 성공의 가능성은 활짝 열리게 될 것이다. 어떤 일이건 모든 것은 생각에서 90퍼센트가 판가름이 난다. 생각 훈련을 하면 긍정적이며 발전적인 생각으로 인생을 리셋할 수 있다.

생각의 주인은 오로지 자신일 뿐이다. 하지만 자신에게 충분히 설득력이 없는 생각은 타인에게도 설득력이 없다. 그러므로 자신의 생각도 객관적으로 지켜볼 수 있어야 한다. 자신의 생각을 적어놓고 '왜?'라는 질문을 해보라. 건강하지 않은 생각은 실패의 가장 큰 원인이 된다. 세상과 타인 그리고 미래를 위한 생각은 이기적인 잣대를 들이대어 강요해서는 안 된다. 늙은 아버지를 생각하며 매일 몇 시간을 걸어서 음료수를 사오는 장애인 아들들처럼 우리도 진심을 담아서 살아야 한다. 성공의 척도는 자신이 얼마나 긍정적이며 올바른 생각을 하게끔 이끄느냐이다. 결국 나의 생각이 나의 미래를 만드는 것이다.

관점의
전환

마음 훈련을 통해 부정적인 생각을 긍정적인 생각으로 바꿔야 한다.

독립적인 생각을 통해 창의적이고 주도적인 사고력을 지녀야 한다.

생각 훈련을 통해 부정적인 상황에서 벗어나는 생각을 한다면 성공의

가능성이 열린다.

건강하지 않은 생각은 실패의 가장 큰 원인이 된다.

02

관찰하기

가까이서 볼 때와 멀리서 볼 때

경청하고 관찰하면 말하여 얻는 것보다 훨씬 더 많은 것을 얻게 된다.
– 작자 미상

관찰과 관련해서 '빙하의 원칙'이 있다.

사람들의 눈에 보이는 것은 빙하의 10분의 1이다. 10분의 9는 물에 잠겨 있어 볼 수 없다. 이처럼 특정 사실에 대해 파악할 때 노출되어 있는 정보는 10분의 1밖에 되지 않으므로, 관찰을 통해 10분의 9를 찾아내야 비로소 사실을 볼 수 있게 된다.

적극적인 관찰의 힘

관찰은 눈에 보이는 것을 단순히 쳐다보는 것이 아니다. 관찰은 자신의 의지와 목적을 갖고 숨겨진 내용의 패턴을 찾아내는 것이다. 미국의 교육자 아모스 앨코트는 "책보다 관찰이, 사람들보다는 경험이 중요한 교육자이다"라고 하였다. 그만큼 관찰과 경험이 중요하다는 의미이다. 또한 관찰과 경청에 대해서는 "경청하고 관찰하면 말하여 얻는 것보다 훨씬 더 많은 것을 얻게 된다"는 말도 있다.

관찰은 상대방이 제공하는 정보를 수동적으로 받아들이는 것이 아니라, 적극적으로 정보 습득에 참여하는 것이다. 귀에 무조건적으로 들리는 것을 듣는 것은 '듣기'이고, 자신이 의지를 갖고 귀 기울여 원하는 것을 적극적으로 듣는 것이 '경청'이다. 또한 그저 눈에 보이는 것을 보는 것은 '보기'이지만, 의지가 포함된 적극적인 행위는 '관찰'이다. 상대방을 관찰하다 보면 그 사람의 행동패턴을 파악할 수 있을 뿐만 아니라, 상대방이 하는 말이 진실한 말인지 입에 발린 말인지를 파악할 수 있다.

관찰하는 과정에서 관찰자는 많은 정보를 얻는다. 이렇게 얻은 정보를 기존의 정보와 비교, 대조하여 유사점과 차이점을 구분한 후 둘 사이의 공통점을 하나의 패턴으로 체계화한다. 창의적인 사고에서 관찰은 일차적인 사고 단계이자, 진실을 파악하는 과정이다. 관찰의 과정에서 선입견이 개입되면, 정확하게 관찰할 수 없다.

회사에서 성실하게 일하고, 외근을 나가서도 꼭 다시 회사로 들어와 야근을 하는 한 직원이 있다. 회사 사람들은 그 직원을 모두 '성실한 사람이다'라고 평가하고 있다. 하지만 그 사람은 매일 외근을 나간다고 하면서 사우나에서 적당히 시간을 때우고, 회사에 들어와 야근한다는 핑계로 수당을 챙기고 있었다. 겉으로 보이는 성실함의 선입견을 없애고, 그의 행동 패턴 이면을 자세히 관찰할 수 있는 상사가 있다면, 그는 잔꾀가 발달된 사람이라는 사실을 알게 될 것이다. 관찰자는 제대로 된 진실을 파악하기 위해서 선입견이나 편견 없이 공정한 영혼의 눈으로 세밀하게 지켜봐야 한다.

"관찰을 적게 하고 추론을 많이 하면 과오가 발생하고, 관찰을 많이 하고 추론을 적게 하면 진실에 이른다"는 말이 있다. 관찰할 때는 영혼의 눈으로 감각과 직관을 이용해서 하되, 논리적인 사고를 바탕으로 해야 한다. 그리고 충분한 시간을 두고 세밀하게 관찰해야 한다. 또한 시간을 투자하는 동시에 '무엇을 관찰하는지'에 대한 목적이 분명해야 한다. 이때 눈으로만 보는 게 아니라, 눈을 수단으로 영혼과 감각을 사용해서 관찰해야 한다.

세밀한 부분을 관찰하는 능력을 키운 후에는 전체를 관찰하는 훈련을 한다. 나무의 세부적인 모습을 본 후, 숲 전체를 보는 훈련을 하는 것이다. 이러한 훈련을 통해 거시적인 안목이 생기게 된다. 이처럼 '가까이 보기'와 '멀리서 보기' 둘 다를 할 수 있어야 비로소 진정한 관찰의 힘을 얻게 된다.

나 자신을 적극적으로 관찰하라

상대방의 몸동작을 세밀히 관찰해보면 그 사람의 심리상태를 알 수 있다. 상대방이 눈을 맞추지 않고 말을 하거나, 팔짱을 끼고 말을 하는 것은 마음이 불편하다는 의미이다. 다리를 흔들거나 구두로 바닥을 툭툭 치며 말을 하는 것은 불안감을 갖고 있다는 의미이다. 상대방이 거짓말을 하고 있을 때에는 장황하게 설명하거나, 시선이 불안하거나, 입에 침을 바르는 행동을 보인다. 이런 몸동작을 보면 상대방의 심리상태를 파악하고 대처할 수 있다.

상대방을 세밀하게 관찰한 후, 관찰일지를 만들어보자. 기록한 것을 연결 짓고, 마인드맵을 만들면 전체 그림을 완성시킬 수 있다. 한 사람에 대해 관찰한 후, 그 사실을 기록하여 다이어그램으로 만들면 그 사람의 전체 이미지를 파악할 수 있다. 예를 들어 한 사람의 관찰 사실을 다음과 같이 기록했다. 첫째, 가진 돈에 대해 자랑하고 비싼 외제차를 타고 다니지만, 친구들과 술 한 잔 할 때는 정확하게 돈을 나눠서 낸다. 둘째, 여성편력이 심하다. 셋째, 사업에 성공했고, 경쟁심이 강해 일에 대해서는 주도면밀하게 성취해낸다. 이 사실들을 표로 만들어보면 다음과 같다.

단점	장점
이기적임 인색함 여성편력	일에 대해서는 주도면밀하다.

이렇게 분석하였다면 그 사람과의 관계를 설정해보는 것이다. 남

녀관계인지, 사업관계인지, 친구관계인지에 따라 나에게 미치는 영향은 달라질 것이다. 가장 중요한 것은 어떤 관계이건 간에 올바른 생각을 가지고 상대방을 제대로 살펴보는 것이다. 세밀한 요소들을 모아 큰 그림으로 만들어 올바른 관계를 설정해나가는 것이 관찰이다. 관찰의 힘은 상대방을 파악하기에도 유용하지만, 결국에는 나를 알아가는 과정에서도 큰 힘을 발휘한다.

이런 관찰은 타인에 대해서만 필요한 게 아니다. 나 자신에 대한 관찰은 나의 목표를 달성하는 데에도 도움이 되고, 나의 단점을 알고 극복해나가는 데도 도움이 된다.

단점	장점
거절을 못함	낙관적임
식탐이 많음	인간관계가 넓음
쉽게 상처받음	정이 많음

위와 같은 나 자신에 대한 분석이 나왔다면, 결국 나 자신의 성격으로 인해 많은 일이 주변에 발생할 것임을 알 수 있다. 남의 부탁을 거절하지 못해서 많은 스트레스를 받지만, 사람들에게는 호인으로 보일 수 있어 인간관계가 넓다는 평가를 받을 수 있다. 하지만 사실은 거절하지 못하는 성격과 남의 간섭에 쉽게 상처를 받게 되면서 이런 스트레스를 식탐으로 푸는 습관이 생겼다. 정이 많고 낙천적인 태도로 삶을 잘사는 듯 보이나, 나의 장점과 단점이 어우러

져 나 자신과 주변에 문제를 야기하게 되는 것이다.

관찰을 통해 나의 문제점을 파악하면 개선해나갈 수 있다. 또한 일을 해나갈 때도 나무와 숲을 동시에 볼 줄 알면 사고와 판단력이 탄력적이 된다. 그러면 아집에 빠져 일을 그르칠 가능성이 줄어든다. 자연에 대한 과학적 관찰은 자연현상에 대해 질문을 던진 다음, 현상에 대해 관찰한다. 그리고 현상에 대해 설명을 가설로 제시하고, 가설의 논리적 결과를 예측한다. 그런 후에 실험이나 현장연구 등을 통해서 그 가설을 시험하는 단계로 구성되어 있다. 마찬가지로 일반적인 관찰도 같은 방식대로 하면 된다. 관찰하기 전에 먼저 관찰의 목적을 정한다. 그리고 관찰 대상을 관찰하며 기록한 후 기록을 토대로 관찰한 바를 이론화한다. 또한 발생가능한 일들을 예측하고, 실험하는 단계를 거치면 된다.

관찰을 통해 우리는 눈에 보이고 귀에 들리는 소리나 모습 그대로 믿기보다는 그 이면의 진실에 대한 합리적인 이해를 통해 현실을 제대로 파악할 수 있게 된다. "사람들은 보고 싶은 것만 보려고 한다"라는 말처럼 관찰하지 않고, 마음이 보고 싶은 것만 편식해서 보면 우물 안 개구리처럼 좁은 생각에 갇히게 된다. 생각 그릇을 넓히고, 마음 그릇을 넓히려면 제대로 보는 훈련이 필요하다.

나 자신을
적극적으로 관찰하라

관찰은 상대방이 제공하는 정보를 수동적으로 받아들이는 것이

아니라, 정보 습득에 적극적으로 참여하는 것이다.

관찰의 과정에서 선입견과 편견이 개입되면, 정확하게 관찰할 수

없다. 공정한 영혼의 눈으로 보아야 진실을 볼 수 있다.

'가까이 보기'와 '멀리서 보기' 둘 다를 할 수 있어야 진정한 관찰의

힘을 얻는다.

나 자신에 대한 관찰은 목표 달성과 단점 극복에 매우 도움이 된다.

관찰일지 작성을 통해 나무와 숲을 동시에 볼 수 있는 사고력과

판단력을 기르고, 생각과 마음을 넓히는 훈련을 하자.

03

책임 있는 삶

영혼이 강한 사람은
자신의 행동에 책임을 진다

대부분의 사람들은 자유를 진정으로 원하지 않는다.
왜냐하면 자유에는 책임이 따르는데, 대부분의 사람들은 책임을 두려워하기 때문이다.
— 지그문트 프로이드

2014년 1월, 뉴욕의 한 동네에서

화재가 발생했다. 여덟 살 아이 타일러는 화재가 난 트레일러로 뛰어 들어가 6명의 목숨을 구했다. 그리고 장애가 있던 삼촌을 다시 구하기 위해 불길 속으로 뛰어 들어갔지만, 끝내 목숨을 잃고 말았다. 사람들은 타일러를 진정한 영웅으로 추앙했다. 어머니는 타일러에게 평소 책임감 있고, 용감하게 행동하라고 가르쳤다고 한다. 어머니의 가르침을 깊게 새기고 있던 타일러는 결정적인 순간에 용감하게 행동했다.

정신분석학의 창시자인 프로이드는 "대부분의 사람들은 자유를 진정으로 원하지 않는다. 왜냐하면 자유에는 책임이 따르는데, 대부분의 사람들은 책임을 두려워하기 때문이다"라고 하였다. 자신이 원하는 것을 할 수 있는 자유, 원하는 삶을 살 수 있는 자유, 원하는 직업을 가질 자유는 모든 사람이 원하는 것이다.

모든 사람이 이러한 자유를 모두 누릴 수는 없다. 왜냐하면 책임이 따르기 때문이다. 모든 선택에는 책임이 우선하며, 거기에 동반되는 자유와 권리는 부차적인 조건이다. 하지만 그런 부차적인 조건을 우선시하고 책임을 회피하려 한다면 비난을 받게 된다. 우리의 손으로 선출한 국회의원들이 국민을 위해 봉사하고, 섬긴다는 책임을 무시한 채 자신의 지위와 권력만을 내세운다면 어떻게 되겠는가? 그만큼 책임의 임무는 막중하다. 책임을 지기 때문에, 그만큼의 권리를 보장받을 수 있는 것이다.

아무도 책임지지 않는 사회

법률 용어에 '미필적 고의'가 있다. 이는 행위자가 범죄 사실의 발생을 적극적으로 의도하지는 않았지만, 범죄의 발생 가능성이 있음을 알면서도 행위를 하는 것을 말한다. 고의는 범죄 행위자에게 책임을 부가시키는 기준이며, 미필적이란 고의가 있고 없음을 나누는 하나의 경계신이 된다. 하지만 대만으로 인해 범죄를 저질렀다면 그에 대한 책임을 져야 한다. 태만으로 인해 돌이킬 수 없는 위험이 발생하거나, 의도적으로 그런 상황을 인식하지 않으려는 '의도적

인식회피' 또한 책임을 져야 하는 범죄 행위다.

이 세상이 올바른 방향으로 나아가기 위해서는 개인이나 기업, 사회 전체가 책임에 대한 의식 훈련이 되어 있어야 한다. "지위란 특권을 부여하거나 권리를 부여하는 것이 아니라 책임을 부과하는 것이다"라는 말처럼 사회적 직위를 특권이라고 생각하는 인식의 오류에서 벗어나 책임을 인식하는 순간, 세상은 공평해지고 참된 자유를 누릴 수 있다.

인간관계에서도 미필적 고의가 있다. 상대방에게 온 마음을 다하여 대하지 않으면서 상대방의 온 마음과 시간을 쏟아 붓게 만드는 것도 일종의 미필적 고의다. 상대방이 나를 좋아하는 마음을 이용하면서 관계를 방치하다가 결국 상대방이 지쳐 떨어지게 만드는 것은 분명 잘못된 행동이다. 이런 무책임에 대해 죄책감을 느끼지 못한다면 언젠가는 무책임한 행동의 결과로 자신이 가장 큰 피해를 입게 될 것이다.

책임감도 훈련된다

사소한 생각의 오류로 인해 파멸을 초래하는 나비효과가 무책임한 관계에서도 발생할 수 있다. 타인에 대한 책임은 결국 나 자신에 대한 책임이다. 나 자신을 존중하는 것과 같은 마음으로 상대방을 존중해야 한다. 내가 하는 일이나 관계에 온 마음을 다해 집중하면 책임감은 저절로 생긴다. 조건 없이 나의 영혼을 쏟아 부어야 책임이 생기는 것이다.

무책임한 사람들의 행동은 사회악이 될 수 있다. 그들은 혼란을 일으키고도 죄의식을 느끼지 않는다. 이러한 무책임한 행동의 원인은 나와 타인을 존중하는 마음의 부재 때문이다. 나 자신만큼 타인도 소중한 존재이며, 내가 존중받고 싶은 만큼 상대방을 존중해야 한다. 이러한 감정의 기본 훈련은 가정에서 이루어져야 한다. 부모가 책임감을 가르치지 않고 지극한 사랑만 쏟는다면 아이들은 자기중심적으로 커가게 된다. 강한 자아와 자기중심적인 사고는 다르다. 자아가 강한 사람은 상대방의 자아도 존중하지만, 자기중심적인 사람은 상대방을 보지 않는다.

타인에 대한 잘못된 인식은 큰 사고로 이어질 수 있다. 사람들은 사고 발생 시 관련자들의 책임 없음에 분개하지만, 실제로 삶 속에서 타인과 사회에 대한 책임감이 결여되어 있음을 인식하지 못하는 경우도 많다. 도덕과 책임의 경계가 명확하지 않은 현실에서 내 가족이나 내 자녀는 해도 되지만, 남들은 해서는 안 된다는 도덕적 해이가 무책임한 행동을 초래하는 것이다. 자신의 위치에서 맡은 책임을 지는 것이 올바른 사회를 만든다. 사회가 올바르면 가정과 인간관계도 올바르게 될 것이다. 책임감은 곧 인간의 자존감이라는 사실을 명심하자.

책임
훈련

책임감을 배우지 못한 사람은 자기중심적인 사람으로 성장한다.

습관적으로 무책임한 관계를 반복하는 미필적 고의가 지속되면,

무책임한 행동의 결과로 결국 나 자신이 가장 큰 피해를 입게 된다.

내가 존중받고 싶은 만큼 상대방을 존중해야 한다. 일이나 관계에 온

마음을 다해 집중하고 조건 없이 자신의 영혼을 쏟아 부으면, 저절로

책임감이 생겨난다.

강한 자아와 자기중심적인 사고는 다르다. 자아가 강한 사람은

상대방의 자아도 존중하지만, 자기중심적인 사람은 상대방을 보지

않는다. 개인이나 기업, 사회 전체가 책임에 대한 의식 훈련이 되어

있어야 한다.

04

시간관리

참된 나를 만나는 시간

참된 인생은 시간과 공간을 초월한 것이다.

— 톨스토이, 《인생론》 중에서

저스틴 팀버레이크의 영화 〈인 타임〉에서는

돈으로 수명을 산다. 25세가 되면 노화가 멈추고, 추가로 1년의 수
명이 연장된다. 사람들은 이 시간으로 물건 값을 치르고, 집세를 낸
다. 그러다 시간을 다 써버리면 심장마비로 죽는다. 부자들은 돈을
이용해 가난한 사람들의 시간을 사서 수명을 연장한다. 가난한 사
람들은 시간을 더 얻기 위해서 그만큼 더 열심히 일해야 한다. 이렇
게 가진 자만이 더 오래 살 수 있다면 사회는 혼란에 빠질 것이다.
하지만 이 영화의 속내를 들여다보면, 인생은 결국 '시간 게임'이라
는 것을 알 수 있다.

내 삶을 사는 시간관리

하루 24시간은 모든 사람에게 공평하게 주어진다. 하지만 객관적으로 규정된 시간도 주관적인 인지에 따라 개념이 달라질 수 있다. 하루는 24시간, 1년은 365일이라는 객관적인 시간 개념보다 주관적인 시간 개념이 더 중요한 이유는 무엇일까? 인생에서 주어진 시간을 가치 있게 배분하여 사용해야 하기 때문이다.

'참된 인생은 시간과 공간을 초월한 것^{톨스토이, 《인생론》}'이다. 삶은 탄생과 죽음을 출발역과 종착역이라 정한 임의적인 지표에 지나지 않는다. 육체적 존재인 나는 규정된 시간을 사는 존재이지만, 주관적인 관점에 따라 나의 삶은 시간을 초월할 수 있다.

나의 삶을 살아가는 것은 시공간을 초월한 참된 나를 만나는 일이다. 그 속에서 자신의 존재 가치가 얼마나 의미 있는지를 다시 확인하는 것이다. 나이를 먹는다는 것은 나에게 주어진 시간을 모두 사용했다는 것을 의미하지는 않는다. 시공간을 초월하는 존재의식을 갖게 된다면, 스스로 나 자신의 존재를 가치 있게 바라볼 것이다. 인간의 생명은 유한하기 때문에 시간을 어떻게 사용해야 하느냐보다는, 시공간을 초월한 존재이기 때문에 지금 현재의 시간을 가치 있게 사용하는 것이 중요하다.

그렇다면 행복한 삶을 위해, 시간은 어떻게 가치 있게 사용해야 할까? 대부분의 사람들이 어느 순간부터 돈을 버는 시간을 제외하고는, 그저 우두커니 텔레비전이나 게임에 몰입하면서 타인의 놀이나 삶을 구경하는 데 시간을 보낸다. 우리 인생이 타인의 삶만 구경하다가 끝난다면 얼마나 불행하겠는가? '그저 우두커니'가 아닌 내 삶에 적극적인 참여자가 된다면 우리는 좀 더 가치 있게 시간을 배분하여 쓸 수 있을 것이다.

몰입은 인생의 질을 성장시킨다

시간을 가치 있게 사용하는 법은 소비적인 삶이 아니라 생산적인 삶을 사는 것이다. 내가 돈을 버는 데 사용하는 시간 외에 나의 행복을 위해 어떤 생산적인 활동을 하고 있는지 돌아보라.

생산적 활동이란, 몰입하고 적극적으로 개입하여 나와 타인에게 도움이 되는 활동을 말한다. 몰입의 즐거움을 배우면 인생의 질적인 성장이 가능하다. 몰입의 시간을 얻기 위해서는 취미활동 등을 발견하고 개발하는 방법이 있다.

모든 인간에게 똑같이 주어진 24시간이지만, 몰입의 정도에 따라 시간의 길이가 다르게 느껴질 수 있다. 친구들과 즐거운 자리에서의 4~5시간은 금세 흘러가지만, 혼자 독방에서 우두커니 앉아 하루를 보내야 한다면 1분도 매우 길게 느껴질 것이다. 심리학에서는 연속적인 자극이 있을 때 실제 경과한 시간보다 더 짧게 느껴지거나, 길게 느껴지는 현상에 대해서 '카파 효과'라고 부른다.

눈을 크게 뜨고, 넓은 세상을 바라보라.

우리에게 주어진 시간은 새로운 것을 느끼고,
변화를 추구하고, 노력하기에도 부족한 시간이다.

이 제한된 시간을 나의 꿈에 도전하라!

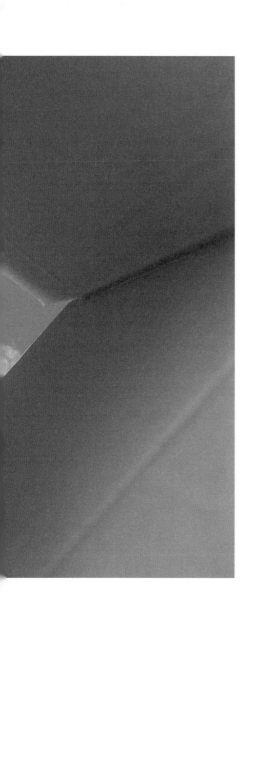

반대로 평상시에 겪지 못한, 위험한 순간을 경험할 때 시간이 더디게 느껴지기도 한다. 누군가와 있을 때 즐거우면 함께 있는 시간이 빠르게 간다고 느껴지지만, 상대방이 지루해하면 시간이 더디게 가는 것처럼 느껴지는 것을 '감정상태 효과'라고 한다. 이처럼 시간은 우리가 아는 규정된 하루 24시간이라는 개념 외에도 '감정적 시간'의 개념이 존재하는 것이다. 그렇기 때문에 내가 시간에 대해 어떤 상태로 인식하느냐에 따라 인생을 가치 있게 보낼 수 있는 시간의 길이는 다르게 느껴질 수 있다.

주관적인 인식에 따라 시간의 길이가 다르게 느껴지는 것처럼 시간의 배열도 뒤바뀔 때가 있다. 1~2년 집을 떠나 있다가 돌아왔을 때, 가족들은 그 사람이 몇십 년은 집을 떠나 있었다고 느낄 수 있다. 반대로 1~2년 동안 여행을 마치고 돌아왔는데, 집에 어떤 변화도 없다면 마치 한두 달 여행을 하고 온 듯한 기분이 들 수 있다. 이렇게 시간의 흐름에 따른 순서가 아닌 주관적인 의식에 의해 시간을 다르게 인지하게 되는 것을 '망원경 효과'라고 한다.

동일하게 주어진 시간마저도 나의 의지에 따라 활용할 수 있는 정도는 달라진다. 그럼 그저 '우두커니'의 삶을 살겠는가, 아니면 적극적인 시간관리로 주도적인 삶을 살 것인가. 이 모든 것이 나의 의지, 즉 내 마음에 달린 것이다.

시간은 얼마든지 있다

시간은 인식하는 사람의 마음과 태도에 따라 다르게 받아들여진다. 주관적인 시간 개념에 따라 시계바늘이 24시간을 기준으로 움직이지 않는다는 것을 이해한다면, 우리는 시간을 가치 있게 활용하기 위해 무엇에 몰입해야 할지 생각해야 한다. 뭔가에 미친 듯 몰입하는 사람에게 24시간이란 시간은 속박되지 않는다. 인간의 한계 시간을 초월하기 때문이다. 주관적 시간 개념을 인식하게 된다면, 삶을 좀 더 계획적이고 진지하게 살아갈 수 있을 것이다.

시간을 효율적으로 사용하기 위해서는 처리할 일에 대한 리스트를 만들고 우선순위를 정해야 한다. 장기적으로 처리할 일들을 A그룹으로 묶고, 자투리 시간을 이용해서 처리할 수 있는 일들을 B그룹으로 묶는다. 그리고 시간 계획을 통해 두 그룹의 일들을 동시에 처리하는 훈련을 한다. 긴 시간을 필요로 하지 않는 B그룹의 일들은 집중해서 빠르게 처리할 수 있는 훈련을 하는 것이다. 장기적인 계획으로 해야 하는 A그룹의 일에 가장 큰 중요도를 부여하면서, 잠깐의 자투리 시간을 이용해 B그룹의 일들을 처리한다면 시간이 부족하다는 느낌에서 벗어날 수 있을 것이다. 마감에 임박하여 일처리를 하느라 분주해지지도 않을 것이다. 그리고 그만큼 실수도 줄일 수 있게 될 것이다.

평균 수명이 80세라고 했을 때, 그 시간을 어떻게 쓰느냐에 따라 인생의 결과는 달라질 것이다. 무엇인가에 몰입하면 하루가 24시간이 아니고, 1년이 365일이 아니며, 내 인생에 주어진 시간이 80세까지가 아닐 수 있다. 인생을 성공적으로 사는 사람은 시간을 쓸모 있게 사용하며, 주어진 인생의 시간을 가장 유용하게 사용하는 사람이라는 것을 명심하자.

생산적인 삶,
시간관리에 철저하라

사람은 시공간을 초월한 존재이므로, 현재 주어진 나의 삶을
적극적으로 살아야 좀 더 가치 있는 시간 배분을 할 수 있다.

효율적인 시간 사용법: 생산적 활동(자신이 몰입하여 적극적으로
개입할 수 있는 활동), 취미활동 및 개발하기 → 우선순위 정하기
→ 장기적 계획이 필요한 업무 A그룹, 자투리 시간 가능 업무는
B그룹으로 분류해서 일의 신속도와 정확성, 집중력 향상시키기.

몰입을 배우면 인생의 질적인 성장을 이룰 수 있다.

05

진정한 나의 신화 찾기

나의 철학적 가치를 깨닫자

미래는 내일 시작되는 것이 아니다.
오늘 시작되는 것이다.
- 교황 존 폴 2세

파울로 코엘료의 《연금술사》에서 주인공 산티아고는 신부가 되기 위해 신학을 공부했다. 그런 그는 돌연 부모님의 기대를 져버리고 양치기가 된다. 그리고 '자신의 신화'를 찾기 위해 떠난다. 길을 나선 산티아고는 집시여인을 만나고, 늙은 왕, 도둑, 화학자, 낙타몰이꾼, 아름다운 연인 파티마를 차례차례 만나게 된다. 사막의 침묵과 죽음의 위협을 견뎌낸 산티아고는 연금술사를 만나 보물을 찾아 떠난다. 하지만 보물은 결국 바로 자신의 고향에 있었다.

'자신의 신화'를 찾기 위해 끝까지 포기하지 않은 산티아고는 보물을 찾아나선 여정을 통해 마침내 자신의 꿈과 대면한 것이다.

《연금술사》를 통해 우리는 삶을 깊이 있게 통찰함으로써 진정한 삶의 의미를 되새겨볼 수 있다.

미래는 오늘 시작되는 것이다

스티브 잡스는 "꿈을 좇으며 살고, 죽음을 포함한 인생의 시련을 통해서조차 기회를 모색하라"고 했다. 그렇다면 꿈이란 무엇일까? 하루하루를 평범하게 살아가는 사람들은 어떻게 꿈을 찾아 나설 수 있을까? 이에 대한 답은 내가 진정으로 원하는 삶은 무엇이며, 진정으로 하고 싶은 일이 무엇인지를 찾는 것이다. 그 과정에서 무수히 실패할 수 있고, 좌절할 수도 있다.

하지만 무너지지 않는 용기와 끈기로 계속해서 꿈꾸는 것이 중요하다. 또한 꿈을 좇을 때 잊지 말아야 할 것은 나만의 꿈이어야 한다는 점이다. 꿈을 꾸기도 전에 닥치지 않은 미래를 불안해하고 걱정하는 것은 무모한 일이다. 나의 꿈을 좇아 조그마한 가게를 운영하는 사람과 주식투자로 단박에 몇백억 원을 번 사람 중 어떤 사람이 성공한 사람일까? 이 질문에 몇백억 원을 번 사람이라고 답한다면, 당신은 꿈을 꾸지 못하는 사람이다.

꿈을 꾸는 사람은 인생의 첫걸음에서 성공한 사람이다. 꿈을 꾸고 행동으로 하나하나 옮기는 과정에서 행복을 배우고, 성숙해지는 것이다. "미래는 내일 시작되는 것이 아니라, 오늘 시작되는 것이다.^{교황 존 폴 2세}"라고 하였다. 미래를 꿈꾸기 시작하는 바로 이 순간, 현재의 행복과 미래의 가능성이 모두 보장되는 것이다.

만약 어려운 현실 때문에 꿈을 꾸지 못한다면 당신은 운명이란 나 자신이 극복해야 하는 과제이며, 도전하는 자에게 더 많은 기회가 주어진다는 사실을 알지 못하는 것이다. 현재의 상황을 핑계대지 마라. 기회는 자신이 원하는 일을 할 수 있는 준비가 되어 있을 때 온다. 오랜 준비 시간과 아픈 실패와 좌절의 시간을 견뎌내야 꿈을 이룰 수 있는 기회가 오는 것이다. 꿈을 꾸고, 그 꿈을 향해 나아가는 현재를 즐기며 긍정적인 에너지를 모은다면 언젠가 꿈은 이루어지게 된다. 그러나 오로지 돈을 위한 것이라면 그 꿈은 영혼이 없는 것이다. 만일 그 꿈이 이루어진다고 해도 진정한 행복은 찾아오지 않을 것이다. 영혼 없는 꿈은 상실감과 허탈감을 줄 뿐이다.

미래의 기회를 맞을 준비를 하라

꿈을 이루는 것보다 중요한 것은 꿈을 이룬 후에 어떻게 살아갈 것인가이다. 꿈을 이루고 얻게 된 성과를 타인과 공유하면 그 가치는 더욱 높아진다. 자신이 이룬 업적이지만 그를 통해 많은 돈을 벌게 되었다면 타인과 나눔으로써 가치를 높일 수 있다. 마이크로소프트사의 빌 게이츠는 자신의 꿈에 몰입하여 사업에도 성공하였고, 세계적인 부자의 반열에 올랐다.

하지만 사람들이 그를 칭송하는 이유는 따로 있다. 그것은 바로 사회에 자신의 부를 환원하는 태도 때문이다. 빌 게이츠는 "특정 금액 이상이 되면 자신에게 그 돈은 소용이 없으며, 세상의 가난한 이들에게 분배하는 것이 자신이 돈을 사용하는 목적이다"라고 하였다. 그는 꿈을 실현하였고, 그 꿈을 실현하는 과정에서 번 돈을 자신만의 것이라고 생각하지 않고, 사회에 환원하는 기부를 통해 자신의 가치를 더 높인 사람이다.

산티아고처럼 '나의 신화'를 찾아가보자. '나의 신화'는 꿈을 찾는 과정에서 발견될 수도 있다. 꿈의 실현은 내가 어떤 생각을 가지고 있는지에 따라 성취 여부가 결정된다. '내가 현재 어떤 직업을 가지고 있고, 돈이 얼마나 있다'라는 현실적 존재를 넘어, 나의 철학적 존재 가치를 인식해야 한다. 그럼으로써 왜 나 자신이 중요한지를 알 수 있고, 인생을 값지게 살아야 하는 이유를 발견할 수 있다. 영혼이 물질보다 앞선다는 것을 이해하고 나면 우리는 물질문명 속에서 왜 그토록 정신적 혼돈을 겪는지 이해할 수 있다.

돈 자체가 나쁜 것은 아니지만, 욕심과 직결되기 때문에 위험한 것이다. 돈을 좇는 삶은 가치 있는 삶이 아니다. 나의 꿈을 이루기 위해, 목표를 따라가다 보면 돈은 저절로 따라오게 될 수 있다. 기회가 오지 않는다고 불평하고 있지 않은가? 그러기 전에 기회를 만들 준비를 하고 있는지 돌아보라. 꿈을 꾸고 있는가? 그 꿈을 위해 지금 한 발을 내딛어라. 그러면 우주가 힘을 합쳐 나를 도울 것이다.

진실한 나는
물질에서 얻어지지 않는다

운명은 내가 극복해야 할 과제이며, 도전하는 자에게 더 많은 기회가
주어진다.

돈을 위한 꿈은 영혼이 없는 꿈이다. 영혼 없는 꿈은 상실감과
허탈감을 준다.

현실적 존재를 넘어, 철학적 존재 가치를 인식해야 한다. 영혼이
물질보다 앞선다는 것을 이해하면 물질문명 속에서 정신적 혼돈을
겪게 되는 까닭을 이해할 수 있다.

꿈을 위해 지금 한발을 내딛어라. 그러면 우주가 힘을 합쳐 나를 도울
것이다.

06

수동성 벗고 능동성 입기

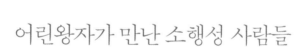

어린왕자가 만난 소행성 사람들

내가 아직 살아 있는 동안에는 나로 하여금 헛되이 살지 않게 하라.

– 에머슨

생 텍쥐페리의 《어린왕자》에서

어린왕자는 소혹성들을 여행하다가 여러 사람들을 만나게 된다. 무조건 명령만 내리는 왕, 사람들이 박수 칠 때 답례하기 위해 늘 모자를 쓰고 있는 허영심 많은 남자, 술 마시는 게 부끄러워 늘 술을 마시는 남자, 별들을 세며 그 수를 적어 서랍에 넣어두고 그 별들을 사서 부자가 되기를 꿈꾸는 사업가, 끊임없이 가로등을 끄고 켜기를 반복하는 남자, 탐험가의 이야기를 듣고 그 이야기를 기록하는 지리학자를 만난다. 어린왕자의 탐험을 읽으며, 우리는 인간의 모습이 얼마나 어리석은지 간접 경험을 하게 된다.

나를 발견하는 탐험을 떠나라

탐험은 큰 세상을 선물해주고, 우리가 볼 수 없던 자신의 문제들을 객관적으로 멀리서 바라보게 해준다. 물리적인 장소의 탐험만이 아니라 나의 내면세계 탐험도 중요하다. 예술은 우리의 정신세계와 물질세계를 소통시키는 매개체 역할을 한다.

탐험은 융통성 있고 다양한 시각을 갖게 되는 외적 탐험의 영역과 내면의 욕구와 가치, 잠재력 등을 파악하고 이에 적합한 삶의 방향을 모색하는 내적인 탐험의 영역으로 나뉜다. 외적인 탐험은 세계를 여행하며 미지의 세계를 발견하는 것뿐만 아니라, 나의 일상에 관심을 갖고 관찰하며 주변을 돌아다니는 것도 포함한다.

탐험은 아직 가보지 않은 장소와 세계만을 가보는 것만이 아니다. 추억이 깃든 장소를 다시 찾아가는 것도 탐험이다. 이러한 탐험들의 궁극적인 목적은 나의 재발견이다. 내 삶이 풀어가야 할 숙제들이 많이 있다는 것을 깨닫고 기록하고 실천하는 것이 이 모든 탐험의 목적인 것이다. 탐험할 때 나는 행복한 사람이라는 것을 스스로에게 일깨워 영혼 에너지를 더 맑고 강하게 만들면, 감성이 충만해져 현실의 집중력과 효율성이 높아진다.

지금 행복하지 않다면 내가 좋아하는 일을 하지 않고 있는 것이다. 미래를 위한 절제와 인내는 미래의 성공과 발전을 위해 현재에 아무 것도 하지 않는 것이 아니라, 미래를 위해서 현재에 가장 행복하고 필요한 것들을 소유하고 실천하는 것이다. 그래서 미래에 더 많이 갖게 되었을 때보다 가장 행복하다고 느껴지는 것을 소유하고 실천하기 위해 절제하는 지금, 현재가 더 행복한 기억으로 남게 된다.

나는 현재를 살고 있는가?

삶이 나를 속이는 것이 아니라, 내가 나 자신을 속이는 놀이를 하고 있는 건 아닌지 돌아보라. 죽으면 결국 가져갈 수도 없고 자식들에게 독이 될 수도 있는 몇 푼의 재산을 움켜쥐고 죽을 날을 기다리기보다는, 보고 배우고 나누는 삶에 투자해야 한다.

작은 행성에서 가로등을 켜고 끄는 일을 하느라, 잠도 제대로 못 자는 비효율적인 삶을 살고 있지는 않은가? 아무도 쳐다보지 않는데, 남에게 박수를 받고 싶어서 더운 여름날에도 모자를 눌러 쓰고 덥지 않은 척하는 삶을 살고 있는 것은 아닌가? 자신을 객관적으로 돌아보아야 한다. 노후를 위해 아끼고 안 쓰는 것만이 능사가 아니다. 우리는 현재를 헛되지 않고 슬기롭게 살아야 한다.

내가 진정으로 '숨을 쉬며' 살아가고 있는지 돌아보라. 찌든 삶은 탐험할 여유가 없다. 찌든 삶을 사는 것은 부정적인 생각과 강박관념이 만들어낸 허상에 지나지 않는다. 돈이 없어서 찌든 것이 아니라 마음의 여유가 없어서 찌든 것이다. 마음의 여유가 없는 것은 삶에 대한 호기심과 모험심이 없기 때문이다.

나는 진정으로 숨을 쉬고 살아가고 있는가?

찌든 삶은 탐험할 여유가 없다.
돈이 없어서 찌든 것이 아니라
마음의 여유가 없어서 찌든 것이나.

마음의 여유가 없는 것은
삶에 대한 호기심과 모험심이 없기 때문이다.

내면을 바꾸고 나를 사랑하지 않으면, 어리석은 삶의 고리를 끊지 못하고 그저 세상 탓, 남 탓만 하다가 죽을 수 있다. 지금 지갑을 들고 나가서 근사한 곳에 가서 자신이 좋아하는 음식을 자신에게 대접하라. 형편에 맞게 멋있게 차려 입고, 사람들과 즐거운 시간을 가져보라. 그리고 자신이 가장 아끼는 사람을 위해 그 사람에게 도움이 되는 선물을 사줘라. 상대방에게 주되 그만큼 받을 거라는 마음을 버리고 사랑하는 사람에게 주는 기쁨을 느껴라. 좋아하는 사람에게 나눠줄 때 "내가 안 쓰는 거니까 가져"라는 말보다 어리석은 말은 없다. 나에게 쓸모없기 때문에 주는 것이 아니라, 내가 소중하게 여기기 때문에 주는 것이어야 상대방에게 진심이 전달된다.

주말에는 자신이 좋아하는 취미활동을 즐기며, 주중의 피로나 스트레스를 날려버려라. 앉아서 걱정만 하면 절대 답이 나오지 않는다. 그리고 자신이 절실히 이루어지길 원하는 것에 영혼을 집중하여 마음으로 빌고 종이에 적어 자주 이용하는 장소에 붙여놓아라. 꿈꾸지 않고 이뤄지길 바랄 수는 없다. 자기의 현재보다 나은 곳에 목표점을 찍고, 그곳을 바라보며 살면 어느새 자신이 그곳에 도달해 있을 것이다.

미래를 위한 탐험을 떠나라

직접 가지 않고 마음으로 추구하는 것도 탐험이다. 지금 내가 바라보고 있는 그곳이 나의 미래이다. 삶은 탐험을 멈추는 순간, 죽음으로의 행진일 뿐이다. 인간은 살면서 때때로 죽어 있기도 한다. 아무 굴곡도 없고 꿈도 없이 밥만 먹고 수명을 채우고 죽는 것만으로 삶을 잘 살았다고 하는 것은 무의미하다.

팔십, 구십의 긴 여정 동안 깨지고 다치고 진흙탕에 뒹굴기도 하고 구름 위를 걷기도 한다. 하지만 이 모든 것은 살아 있다는 증거다. 이것은 곧 탐험의 과정이다. 만일 누군가 진흙탕에 뒹구는 순간을 보고 손가락질한다면, 그 사람은 탐험의 진정한 의미를 모르는 것이다. 아니면 그들이 평생을 진흙탕에 빠져 허우적거리고 있었던 것은 아닌지, 아니면 나 자신이 그런 것은 아닌지를 돌아보아야 한다.

지금 허우적거리고 있다면 그 몸짓은 진흙탕에서 빠져나와 다음 탐험을 하기 위한 몸부림이다. 그래도 탐험은 계속되어야만 한다. 탐험을 통해야만 생각이 넓어지고 인생을 보는 눈도 달라지기 때문이다. 그래서 더 큰 생각의 그릇을 갖기 위해 호기심을 갖고, 미지의 세계를 탐험해야 한다. 설령 그 길이 험난하고 굴곡이 많을지라도 과감히 도전하고 몸을 내던져서 자신을 탐험하라.

불가능을 가능하게 하는 힘 1_ 근성

영국의 오디션 프로그램 〈브리튼즈 갓 탤런트〉에는 뚱뚱한 몸매와 아줌마의 전형인 뽀글이 파마를 한 40대 후반의 수잔 보일이라는 여성이 출현했다. 할 수 있는 게 아무것도 없어 보이는 외모의 그녀는 〈I dreamed a dream〉이란 노래를 불렀다. 그녀의 외모와 나이에 대해 선입견을 가졌던 심사위원들은 충격을 감추지 못했다. 야스퍼거 증후군을 앓고 있던 그녀는 노래를 좋아해 평생 노래를 불러왔다. 과연 천상의 목소리였다. 그녀는 사람들의 편견을 깨고 불가능이란 없다는 것을 몸소 보여주었다.

환풍기 수리공이었던 한국의 가수 허각도 틈틈이 갈고 닦은 노래 실력으로 당당히 가수가 되었다. 직업에 대한 선입견 때문에 다른 특기는 불가능하다고 얘기하는 사람들에게, 이들은 웃으며 그렇지 않다고 말한다. 이들의 공통점은 자신이 좋아하는 것을 포기하지 않고 갈고 닦아 잘하게 되었다는 특징이 있다. 불가능한 것을 가능하게 만드는 것은 그 사람의 '근성'이다.

부모들이 자식에게 심어줘야 할 것은 말 잘 듣는 학생으로 살다가 모범생으로 명문대학에 가서 일류 기업을 나와 판에 박힌 삶을 살도록 하는 것이 아니라, 뭘 해도 살아남을 수 있는 '근성'을 심어주는 것이다. 근성과 지구력 그리고 열정을 갖고 밀어붙이면 안 되는 일은 없다. 명함에 어떤 직함이 박혀 있고, 몇 평의 집에 사는가

하는 피상적인 부피를 갖는 것보다 중요한 것은 무엇일까. 그것은 바로 그 사람이 '어떤 양질의 생각을 갖고 있고, 어떤 의지와 열정으로 살아가고 있나'이다.

장점은 나를 발전시키고 성공시키는 중요한 열쇠가 될 수 있지만, 때로는 그 장점 때문에 인생이 망가지기도 한다. 명문대를 나온 자존심 때문에 해야 하는 일, 하고 싶은 일을 하지 못할 수도 있다. 그 사람이 무엇을 가졌는가보다 어떤 성분으로 이루어졌는가, 건강한 사고를 갖고 있는가, 타인과 공감할 수 있는가, 가족에 대한 정과 사랑이 있는가, 이기적이지 않은가, 타인을 배려할 수 있는가, 타인의 시선을 의식하며 위선적이지 않은가 등을 살펴보자. 우리는 사람을 볼 때 겉모습만으로 평가하지 말고, 그 사람의 '구성 성분'을 봐야 한다. 성공하는 사람은 좋은 구성 성분을 바탕으로 근성을 키워온 사람이기 때문이다.

불가능을 가능하게 하는 힘 2_ 긍정적인 생각

생사의 갈림길에서 운 좋게 살아남은 경우를 제외하고, 인생에서 벌어지는 성공과 실패의 시나리오는 나 자신이 쓴 작품이다. 그래서 우리는 그 시나리오의 비극적 혹은 해피엔딩의 주인공, 벌 받는 악인 등 모든 역할을 맡을 수 있다. 또한 나 자신이 쓰는 인생이기 때문에 내 손으로 불가능한 일도 가능하게 만들 수 있다.

생각의 혼돈이 오고 갈 길을 잃었을 때, 내가 쓰고 있는 작품을 읽어보라. 작품은 아직 끝나지 않았다. 그리고 작품을 어떻게 쓰는지는 각자의 손에 달려 있다. 지난날에 쓴 원고를 바꿔 쓸 수는 없지만, 앞으로 쓰는 작품의 방향에 따라 전체 스토리를 바꿀 수 있게 된다.

예전에는 모두가 불가능하다고 할 때 가능하다고 하면 아웃사이더 취급을 받기도 했다. 하지만 지금은 오히려 그들이 창의적이고 긍정적인 인간으로 평가받는 시대이다. 누가 나를 어떻게 보든지 간에 상관하지 말자. 인생에 주어진 귀한 기회를 '나는 할 수 없다'는 생각 때문에 놓치지 말자. 최고가 되는 건 중요하지 않다. 최고란 각자 삶의 규모에 따라 의미가 다르기 때문에 남들이 보기에는 최고가 아니라도 나 자신에게 주어진 삶에서 최고가 되는 게 중요하다.

아름다운 사람은 삶에 순응해서 아무 일도 안 하고 곱게 살다가 죽는 사람이 아니다. 치열하게 깨지고 부딪히고 넘어지면서 또 배우고 또 살아남아 불가능을 가능하게 하는 사람이다. 그래서 0.001퍼센트의 가능성만 있더라도 그 빛을 향해 전진해야 한다. 그 틈은 좁아 보일지 모르지만, 빛이 통과할 수 있는 가능성이 있는 틈이다. 또한 신축성이 있어서 내가 들어가려 하면 얼마든지 넓어지는 희망의 틈이다. 틈이냐 문이냐는 자신의 마음이 정하는 것이다. 불가능을 가능하게 만들기 위해서는 에너지를 모아야 한다. 긍정적 에너지, 믿음의 에너지가 바로 그것이다. 세상의 모든 사람이 나를 부정하고 손가락질해도, 나 자신을 온 우주라고 알고 있는 가족과 사랑하는 이들로부터 믿음의 에너지를 받으면 마음으로 그 틈을 열 수 있다.

적극적으로 사람을 미워하는 사람들은 마음속에 열등감이 가득 차 있다. 그들이 미워하는 것은 상대방이 아니라, 자신의 열등감이다. 하지만 세상의 혼탁한 에너지를 흡수하지 않고 밝은 에너지로 스스로의 영혼을 정화시키면, 그 혼탁한 에너지 속에서도 자신만의 가능성을 찾아낼 수 있다. 그래서 자신이 사랑하는 소중한 사람들에게 마음을 열고, 자신의 진심을 보여주는 것이 중요하다. 그들의 후원이 잃었던 자신감을 다시 불어넣어주고, 다시 앞으로 나아갈 용기를 주기 때문이다.

나를 믿어주는 사람이 초라한 노인이라 할지라도 존재의 힘은 나를 믿지 않는 수천 명의 에너지보다 더 잘 전달된다. 그래서 나보다 잘났건 못났건 내가 사랑하는 존재를 보듬어 안고 가는 것이 중요하다. 혼자만의 에너지에 믿음의 에너지가 더해지면 더 큰 일을 해낼 수 있는 힘을 발휘한다. 하지만 나의 가능성을 늘 부정하고 흠집 내기에 바쁜 사람들만 주위에 있다면 용감하게 떠나라. 나쁜 인연을 계속 붙잡고 있는 것보다는 미지의 새로운 인연에 투자하라.

불가능한 걸 가능하게 만드는 건 나의 생각이자 실천이다. 할 수 있다는 생각은 스스로 보잘 것 없다고 생각했던 나를 변화시켜 빛나는 존재가 되게 한다. 그리고 그 한 가닥 믿음을 죽는 순간까지 놓지 않고 살아가야 한다. 무수한 고통 속에 나 자신을 믿고 남들이 모두 불가능하다고 하는 걸 성취하는 것은 돈으로 환산할 수 없는 기쁨과 환희를 가져온다. 자만하지 말고, 다시 성취하고 도전하면서 나의 성장에 귀 기울이자. 인생은 무수히 변화하는 시간들의 집합이다. 영원히 지속되는 것은 없다. 단지 나의 건강한 생각과 노력 속에서 인생을 만들어갈 뿐이다.

수동성
벗고 능동성 입기

탐험은 우리에게 더 큰 세상을 선물해주고, 이전에는 볼 수 없던

나 자신의 문제들을 객관적으로 바라보게 해준다.

탐험의 궁극적인 목적은 나 자신의 재발견이다. 자신이 풀어갈

숙제들을 인지하고 실천하는 것이 이 탐험의 목적이다.

호기심과 모험심, 마음의 여유를 갖고 탐험해보자. 나 자신이 가장

소중한 존재임을 깨닫고, 현재를 충실하게 살도록 노력해보자.

불가능한 것을 가능하게 만드는 것은 사람의 '근성'이다. 근성과

지구력, 열정을 갖고 있으면 안 되는 일은 없다.

사람을 평가할 때, 겉모습으로만 판단하지 말고 그 사람의 '구성

성분'을 바라보라. 성공하는 사람은 좋은 구성 성분을 바탕으로

근성을 키워온 사람이다.

07

성공과 실패

실패는 기회의 또 다른 이름이다

일정한 경지에 오르기 위해서는 꼭 실패가 필요하다.
– 《논어》 중에서

그리스 신화에서 카이로스는

기회의 신이다. 카이로스는 앞머리가 무성한 곱슬머리이며, 뒷머리는 대머리이다. 발에는 작은 날개가 달려 있고, 손에는 저울과 날카로운 칼을 들고 있다. 카이로스가 이런 모습을 하고 있는 데는 다음과 같은 이유가 있다.

"내 앞머리가 무성한 이유는 사람들이 나를 붙잡을 수 있게 하기 위함이고, 뒷머리가 대머리인 이유는 내가 지나가면 다시 붙잡지 못하게 하기 위함이다. 어깨와 발에 날개가 달린 이유는 최대한 빨리 사라지기 위함이다. 손에 들고 있는 칼과 저울은 나를 만났을 때 신중한 판단과 신속한 의사결정을 하라는 뜻이다."

카이로스는 항상 발뒤꿈치를 들고 있다고 한다. 왜냐하면 언제든지 달아날 준비를 하고 있는 것이다. 그렇기 때문에 기회가 왔을 때, 우물쭈물하는 사람은 결코 카이로스의 머리털을 움켜쥘 수 없다.

실패에 대한 인식을 긍정적으로 바꾸라

《논어》에는 "일정한 경지에 오르기 위해서는 실패가 꼭 필요하다"고 하였다. 그러나 실패를 하면 사람들은 누구나 좌절감을 맛보게 된다. 이러한 심리적인 슬럼프는 누구에게나 찾아오는 것이지만, 모두가 극복하지는 못한다. 실패는 성공으로 가는 한 과정이며, 앞으로 더 나은 발전을 이룰 수 있다고 생각하는 사람만이 심리적 슬럼프를 슬기롭게 이겨낼 수 있다.

하지만 자신의 능력을 과신하거나 오만한 태도로 도전했던 사람은 실패하는 순간, 더 큰 타격을 입는다. '내가 겨우 이까짓 시험에?'란 마음의 태도를 갖지만, 그 충격은 더 커져서 주저앉게 만들 수 있다. 또한 나이가 들어서 겪게 되는 실패의 충격 역시 크다. 40대에 실패했을 때보다 50대에 실패한 경우에 더 큰 타격을 입게 된다. 왜냐하면 자신에게 남아 있는 시간이 짧기 때문에 재기가 불가능하다고 판단하고 낙오자가 되는 것이다. 이러한 생각들은 실패를 성공을 위한 과정으로 인지하지 못한다. 오히려 진정한 실패로 만들어버린다.

"세 번의 실패가 연달아 찾아온다"는 말처럼 실패한 사람이 정신적으로 무너지고 좌절한 틈을 타 부정적 에너지가 파고들면 또 다른 실패를 불러들인다. 이때 '이제 승승장구하던 내 인생도 끝이구나'라는 위기의식을 갖게 되면 정말로 실패하는 것이다.

실패에 대한 인식을 긍정적으로 바꾸어야 한다. 그러면 잃을 것이 없다. 예를 들어 사업의 실패로 진정한 친구라고 생각했던 사람들이 떠나갔다. 그 중에서도 아직 내 곁을 지켜주고 있는 친구가 있다면 감사하는 마음을 가져야 한다. 경제적인 실패로 자신이 모든 것을 잃고 '무'의 상태가 되었다고 생각한다면 실패한 것이다. 실패를 계기로 부정적인 인간관계를 정리할 수 있고, '나는 뭐든지 잘할 수 있다'는 오만함도 사라지고, 겸손한 마음과 감사하는 마음을 갖게 됨으로써 또 하나의 기회와 희망을 발견할 수 있는 것이다.

하지만 실패가 반복될 때마다 변명하고 도망치면 실패가 가져다주는 기회를 볼 수 없다. 누구나 실패를 경험할 때 자신의 인생만 꼬인다고 생각한다. 남들은 다 잘살고 있는데, 자신만 이런 시련을 겪는다고 생각하는 것이다.

'시행착오'의 다른 이름은 발전과 성공이다. 《논어》에서 공자는 "나는 지금껏 자신의 시행착오를 인정하고 교훈을 받아들이고 자기 스스로 따져보는 사람을 본 적 없다"라고 말했다. 학습자가 목표에 도달하는 확실한 방법을 모른 채 본능, 습관 등에 따라 시행과 착오를 되풀이하다가 우연히 성공한 시행을 반복함으로써 점차 목표에 도달할 수 있게 된다는 것이 손다이크의 '시행착오 원리'이다. 우리는 실패란 단어보다 시행착오란 단어에서 희망을 발견할 수 있다. 이런 이유로 내가 실패했다고 생각하기보다 시행착오를 겪었다고 받아들이는 것이 조금 더 긍정적인 마음가짐이다.

실패의 원인은 내 탓이다

실패를 했을 때 다른 사람을 미워하고 탓하고 재수가 없다고 생각하기 전에 자신의 탓으로 돌리는 태도를 가져야 한다. 그리고 나를 이겨내는 의지로 스스로 일어나야 한다. 누군가가 대가 없이 계속적으로 도움을 줄 것이라고 기대한다면 인생은 발전하지 못한다. 세상에 공짜는 없다. 내 시간, 내 돈, 나의 뭔가를 내줘야 상대방도 나에게 베푸는 것이 인간관계이다. 그렇기 때문에 누군가에게 타당하지 않게 뭔가를 바란다면 나는 인생의 불행한 주인공이 될 수밖에 없다. 실패는 누구에게나 닥친다. 때로는 그런 실패와 불운이 연속적으로 닥쳐온다. 하지만 실패에 대처하는 태도에서 더 큰 실패를 초래할 수도 있고, 자기 발전의 기회로 삼을 수 있다.

실패의 뿌리를 내 안에서 찾아야 올바른 해결방법도 찾아낼 수 있다. 다시 한 번 강조하지만 실패는 성공을 위한 '기회'라고 생각하자. 실패했을 때 주저앉아 무너진다면, 카이로스가 앞을 지나갈 때 꼭 붙잡을 수 없을 것이다.

실패 연습을 통해
성공의 기회를 삼아라

실패에 대한 인식을 긍정적으로 바꾸어야 한다. 내가 실패했다고

생각하기보다 '시행착오'를 겪었다고 받아들이는 것이 조금 더

긍정적인 마음가짐이다.

실패의 원인을 나 자신에게 돌리는 태도를 갖고, 나를 이겨내는

의지로 다시 일어나야 한다.

실패는 성공을 위한 소중한 기회이다. 나의 문제점들을 개선하기

위해 노력하고, 시행착오를 줄여나가려는 태도가 필요하다. 실패의

뿌리를 내 안에서 찾아야 올바른 해결방법을 찾을 수 있다.

o8

행복의 재설정

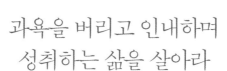

과욕을 버리고 인내하며
성취하는 삶을 살아라

바람을 마주하고 먼지를 털면 그 먼지가 다시 자신에게 돌아오듯이
마음을 마음으로 대하면 그 마음은 반드시 자신에게 돌아온다.
― 《잡아함경》 중에서

그리스 신화에서 이카루스와

아버지 다이날로스가 감옥에 갇히게 됐을 때 그들은 새들의 깃털을
모아 밀랍으로 붙여 날개를 완성했다. 둘은 그 날개를 이용해 날아
서 탈출을 시도했다. 이때 이카루스는 아버지의 말을 듣지 않고 태
양 가까이까지 높이 날아 올라갔다. 결국 뜨거운 열 때문에 밀랍이
녹아 바다로 추락하여 죽고 말았다.

하나를 가졌으면, 하나에 만족하자

하나를 가지면 하나를 더 갖고 싶어진다. 소유의 욕망은 끝이 없

다. 그래서 주위에서 충고를 하거나 만류해도 욕망의 끝에 이를 때까지 멈추지 않고 간다. 그러다 마지막 '하나만 더'를 외치다가 결국 욕망의 덫에 걸리고 만다. 서둘러 밀랍으로 때워 만든 날개를 달고 욕망의 끝까지 이르려 한다면 그 자체가 추락의 원인이 된다. 완벽하고 꼼꼼하게 준비해서 단계단계 밟아가야 한다. 성취해야 하는 일을 더 빨리 더 높이 도달하고 싶어서 과욕을 부리면 결국 과욕이 실패의 원인이 된다.

실력을 갖추는 데는 시간과 노력이 필요한데, 기본을 갖추지 않고 지름길로 도착하려 하면 부도덕하거나 불법적인 행동을 해야 한다. 노력하지 않고 단순히 운에 의해서 원하는 모든 것을 가진 사람은 없다. 잠시 원하는 곳에 도달한 듯 착각할 수 있으나, 올라가는 데 든 시간보다 훨씬 빠르게 추락하고 만다. 순수한 열정 없이 욕망으로 손에 넣은 것은 물거품이 된다. 가졌다고 생각하는 순간, 물거품이 되는 것이다. 나 자신이 내 인생의 주인공이 되어 계획하고 꿈꾸고 이루는 것이 아니라, 욕망이 주체가 되고 나는 노예가 되면 그 욕망은 반드시 나의 덜미를 잡고 만다.

《잡아함경》에는 "바람을 마주하고 먼지를 털면 그 먼지가 다시 자신에게 돌아오듯이, 마음을 마음으로 대하면 그 마음은 반드시 자신에게 돌아온다"라는 말이 있다. 원래는 사람을 미워하는 마음을 가지면 그 마음이 자신에게 돌아온다는 뜻인데, 이것은 성취에 대해서도 같은 방식으로 작용한다. 마음을 다하여 열정을 갖고 서

두르지 않고 실행하면 목표에 도달할 수 있다. 마음이 전달되기 때문이다. 하지만 욕망이라는 거짓 날개를 달고 목표를 향해 질주하면 다 이뤘다고 생각하는 순간 추락하고 만다.

학력을 위조하여 승승장구하던 많은 사람이 마치 자신의 거짓말이 모두에게 통하여 많은 돈을 만지고 성공한 듯 착각을 한다. 그러다가 거짓말이 밝혀지면 도망치듯 그들은 빠르게 사라졌다. 스스로 욕망의 희생자가 되지는 않았는가? 그렇다면 당신은 멈추지 않고 계속 가질 수 있으리라 생각했던 금은보화 대신 '거짓말쟁이'라는 꼬리표를 달고 살아야 한다.

어느 나라든 길거리에서 숙식을 해결하는 노숙자들이 있다. 하지만 그들이 길거리에서 살게 되기까지의 사연은 모두 다르다. 그러나 공통된 것은 그들은 돈이 없어서 거리로 나온 것보다 희망을 놓았기 때문이다.

과욕의 반대 이름, 무의지

과욕과는 반대로 욕심이 너무 없고 의지력이 없으면 누구나 무기력하게 된다. 어차피 내려올 산은 왜 올라가는지, 돈을 좀 더 번다고 삶이 달라지지 않는데 굳이 왜 그래야 하는지, 삶에 대한 회의가 목표를 상실하게 만든다. 그래서 과욕이 위험한 만큼 무의지도 위험하다.

그리스 신화에서 코린토스 왕 시지푸스는 신들을 우롱하고 거짓과 배신을 한 대가로 평생 산꼭대기에 바위를 쌓는 벌을 받게 된다. 하지만 바위를 산꼭대기로 밀어올리면 바위는 다시 굴러떨어졌고, 끊임없이 바위를 산꼭대기에 다시 올려야 했다. 어떤 이들은 자신의 인생이 마치 시지푸스처럼 멈출 수 없는 고통으로만 가득 찼다고 생각할 것이다.

우리 모두의 삶이 산꼭대기에 계속 바위를 올리는 똑같은 작업을 하고 있다고 생각해보라. 누군가는 아무리 무거운 바위를 밀고 가더라도 행복하다고 생각하고, 누군가는 자신의 덩치에 비해 무겁지 않은 바위인데도 가눌 수 없이 무겁다고 느낀다. 그것은 바로 나 자신을 사랑하는 마음, 나의 인생을 바라보는 긍정적 태도 그리고 삶에 대한 굳건한 의지가 있는가 없는가의 차이이다.

이카루스처럼 욕심을 부려 목표 가까이서 바닥으로 떨어지면 이미 정상 가까이에서 쾌락을 맛보았기에 다시 밀어야 하는 바위의 무게가 좀 더 무겁게 느껴질 것이다. 마찬가지로 무의지증 환자처럼 인생을 방치하는 사람들에게 산꼭대기에 바위 올려놓기를 반복해야 하는 삶이란 바위가 산보다 크고 무섭게 느껴질 것이다.

이 모두 마음이 시킨 것이다. 하지만 멈추지 않을 것 같은 고통을 이겨내는 사람은 비로소 큰 일을 이룰 수 있게 된다. 이카루스처럼 밀랍 땜을 하여 날아보는 대신 스스로 시지푸스의 바위를 묵묵히 밀어가며, 온갖 고통을 견뎌내면 사람은 단단해진다.

삶은 상대성 이론이다

맹자는 "하늘이 장차 사람에게 큰 임무를 내리려 할 때는 반드시 먼저 그의 심지를 지치게 하고, 고난을 당하게 하며 굶주리게 하고 하는 일마다 어지럽게 한다. 이는 그의 마음을 움직여 참을성을 길러 지금까지 할 수 없던 일도 할 수 있게 만들기 위함이다"고 하였다. 우리가 끊임없이 굴리고 있다고 느끼는 삶이란 바위는 이렇듯, 원하는 것을 성취하기 위해 나를 굳건히 하고 인내심을 키우는 과정이다.

아인슈타인은 빛의 속도로 날아가면 세상이 어떻게 보일까라는 의문에 매달렸다. 그리고 그 고민 끝에 상대성 이론이라는 역사상 가장 중요한 이론을 제시하였다. "세상의 모든 것이 항구 불변한 절대적인 것이 아니라 각 사람의 운동상태에 따라 모든 것이 달라진다"는 것이 상대성 이론이다. 상대성 이론을 우리의 인생시간에 비추어보면 "세상의 모든 사람이 가지고 있는 인생의 시간은 항구 불변한 절대적인 것이 아니라, 각 사람의 모습과 삶의 방식에 따라 모두가 달라질 수 있다"는 말로 표현할 수 있다.

상대성 이론의 재미있는 가설 중 첫 번째는 우리가 빛의 속도에 가깝게 빨라지면 시간이 멈추게 되어 늙지 않게 된다는 점이다. 빛의 속도로 날아가는 우주선을 타고 우주여행을 하면 영원히 늙지 않을 수도 있다.

모두가 마음이 시킨 일이다.

멈추지 않을 것 같은 고통을 이겨내는 사람이
큰 일을 이룰 수 있다.

나 자신을 사랑하는 마음,
나의 인생을 바라보는 긍정적 태도 그리고
삶에 대한 굳건한 의지가 필요하다.

이 말은 지구에 있는 사람이 볼 때, 우주선을 타고 여행하는 우주 비행사들이 늙지 않는 것처럼 보인다는 말이다. 두 세계(지구와 우주선)에서 살고 있는 사람들은 각각 자기들은 정상적으로 시간이 흐르는 것처럼 느끼며 살아간다. 그러나 서로 다른 세계를 관찰할 수 있다면 시간이 흐르는 속도가 완전히 다름을 알고 놀랄 것이다. 시간은 이와 같이 각자가 처해 있는 환경에 따라 상대적으로 다르게 느낄 수 있다는 의미가 될 수 있다. 시지푸스의 바위를 굴리는 속도도 자신의 마음과 생각에 따라 전혀 다른 시간 속도를 가지게 될 것이다.

두 번째 가설은 빛의 속도에 가까워지면 모든 것이 수축되거나 홀쭉해 보이게 된다는 것이다. 공간상에서 왜곡이 일어나는 것이다. 예를 들어 당신이 빛의 속도로 달리고 있다면 당신을 바라보고 있는 사람들의 눈에는 당신이 꼬챙이처럼 가늘게 보이게 되고, 결국은 눈앞에서 사라지게 될 것이다. 빛의 속도로 달리고 있는 당신의 눈에 보이는 주변 사람들의 모습과 당신을 바라보는 사람들의 눈에 비친 모습은 완전히 다르다. 이처럼 사람들은 각기 자신의 시간과 공간 중심으로 상대방을 전혀 다르게 바라보며 살아가고 있다. 우리가 무의식적으로 모두 자신의 관점으로 세상을 보고 느끼는 것이 바로 상대성 이론의 핵심과 매우 유사하다고 할 수 있다. 우주의 본성이 이기적일지도 모르는 일이며, 우리 또한 이기적인 관점에서 상대방을 보고 있을 수 있다. 그렇다면 내가 가지고 있는 인생의 시간 길이는 타인이 절대로 평가할 수 없으며, 오직 나만이 그 길이를 가늠할 수 있다. 시지푸스의 바위를 굴리는 시간은 상대방의 관점은 소용없고 오로지 나만의 관점으로 평가해야 한다.

우리가 매일 소모하고 있는 시간은 굳이 상대성 이론과 같은 거창한 예를 들지 않더라도 매순간 상대적으로 느끼며 살고 있다. TV 오락 프로그램을 보는 시간은 부모님께 야단맞는 시간보다 빠르게 느껴진다. 내가 좋아하는 게임을 하는 시간은 회사에서 따분한 월말 보고서를 작성하는 시간보다 10배는 더 빠르게 지나간다는 것을 모르는 사람이 누가 있는가? 나에게 주어진 인생의 시간은 내가 어떻게 사용하는가에 따라 10년처럼 소모할 수도 있으며, 100년처럼 소모할 수도 있다. 변하지 않는 사실은 모두 동등하게 삶이란 시지푸스의 바위를 밀고 있다는 것이다.

시지푸스의 바위를 굴리는 게 인생이다

이 삶을 어떻게 살아갈 것인가는 각자의 선택이다. 이 과정이 고통스럽다고 굴하지 말고 나만의 속도로 행복하게 살아가자. 내가 행복했던 순간을 떠올리며 견뎌내자. 어렸을 적 어머니가 한겨울에 덮어주던 풀 먹인 깨끗한 이불 속에 얼어붙은 몸을 녹이며 행복하다고 느꼈던 그 기억을 떠올리며 삶의 무게를 꿋꿋이 견뎌내자. 그 이불은 어머니로부터 사랑받았던 기억이며, 머릿속에 깊이 남아서 삶이 지쳤을 때 꺼내볼 수 있는 좋은 추억이다. 그래서 잃었던 희망과 의지를 되찾고, 열심히 살아가게끔 해준다. 그러한 기억을 떠올리며 자신에게 주어진 시련의 시간을 끈기를 갖고 견뎌내면 원하는 것을 성취할 수 있게 된다.

오로지 진실한 삶을 살도록 나를 돌아보자. 만일 의지를 잃고 방황하고 있다면 나에게 가장 소중한 추억을 떠올리고 사랑하는 사람과 함께 나눌 수 있도록 해보자. 그리고 좀 더 의지를 단단히 하고, 다시 한 발을 내딛어보자. 그러면 더 이상 삶의 무게가 나를 짓누르지 않을 것이다. 그 과정을 미련하게 반복하는 대신, 계획하고 설계하고 강약의 템포를 갖고 호흡하며 나아가자. 한 번씩 돌아보며 나에게 용기를 주자. 멋진 인생을 살고 있다고 칭찬해주자. 사랑받았던 기억을 떠올려보자. 그리고 나의 영혼을 다하여 성취하고 싶은 그것을 성취하기 위해 지금은 인내하는 과정이라고 생각하자. 이카루스의 날개를 다는 대신 시지푸스의 바위를 굴리자.

행복의
조건

욕망이 주체가 되고, 나 자신이 욕망의 노예가 되면 욕망은 반드시 내

덜미를 잡는다.

과욕이 위험한 만큼 무의지도 위험하다. 나를 사랑하는 마음, 인생을

긍정적으로 바라보는 태도, 삶에 대한 굳건한 의지를 가져보자.

삶은 원하는 것을 성취하기 위해 나 자신을 굳건히 하고 인내심을

키우는 과정이다. 나의 마음과 생각에 따라 상황은 전혀 다르게

느껴질 수 있다.

진실한 삶을 살기 위해 나를 돌아보고, 용기와 의지를 다져라.

영혼을 다해서 성취하기 위해, 먼저 인내하는 삶의 과정을

받아들이고, 성실하게 살아내야 한다.

실천하기
마음먹은 대로 살아가기

01

지금

현재에 충실한 삶을 살아라

패배자들은 과거에 살지만, 승리자들은 과거로부터 배워
미래를 위해 현재에 노력하는 것을 즐긴다.

― 데니스 와이틀리

위의 화살표들 중에서 어느 것이
더 길어 보이는가? 아래의 선이 더 길어 보이지만, 사실 두 선의 길이는 같다. 화살표 방향에 따라서 달라 보일 뿐이다. 선은 '사실'을 나타내고, 화살표는 '각자의 상상'이다. 각자의 상상으로, 사실에 대한 인지가 달라지는 것이다.

착시현상을 가리켜 현실을 직시하지 못하게 하는 '상상' 혹은 '사물을 바라보는 태도'라고 한다면, 인지 훈련을 통해 현실을 바라보는 태도를 다르게 키울 수 있다. 1퍼센트의 사실을 다르게 인식하게 하는 것이 현실을 직시하는 '태도'이며, 이 태도에 대한 훈련을 통해 삶의 질을 높일 수 있다.

부정적인 상상은 인생을 망친다

"우리는 상처를 입기보다는 겁먹을 때가 더 많으며, 현실보다는 상상으로 더 많은 고통을 겪는다. 로마의 철학자 세네카"라는 이 말은 "현실은 허상이다. 아인슈타인"라는 말과 같은 맥락이다. 즉 우리의 현실은 사실들만으로 이루어진 것이 아니라, 그 사실에 상상이 더해져 만들어 낸 허구적 가정인 경우가 훨씬 많다.

당신이 시험에서 떨어졌다. '시험에서 떨어진 것은 하나의 '사건'이지만, 시험에 떨어져서 다른 사람보다 뒤처질 것이라는 걱정, 가족들의 기대에 부응하지 못했다는 실망감, 다음 시험에서 또 떨어질 것이라는 두려움 등의 감정들이 더해져 '낙방'이라는 하나의 사건을 비참하고 끔찍한 현실로 만든다. 1퍼센트의 사실에 99퍼센트의 부정적 상상이 합쳐져 현실을 만드는 것이다.

인생에서 99퍼센트의 부정적 상상을 개입시켜 자신의 인생을 우울하게 만들어서는 안 된다. 시험에서 떨어져서 잠시 우울해질 수는 있지만, 그 뒤에 밀려오는 부정적 감정을 긍정적인 방향으로 바꾸지 않는다면 미래의 나는 그 자리에 계속 머무르게 될 것이다. 1퍼센트의 사실을 어떻게 바라보느냐에 의해, 즉 99퍼센트의 상상을 긍정적으로 바꾸려는 태도가 나의 현실과 미래를 변화시킬 수 있는 것이다. 1퍼센트의 사실, 한 번의 실패를 또 다른 도전을 위한 '워밍업'으로 받아들이는 태도가 중요하다.

지금 이 순간, 지금 여기를 사는 것

현실을 직시하고 일을 하는 데 가장 걸림돌이 되는 것이 질질 끄는 습관이다. 일을 질질 끌며 마감을 못 맞춰서 이런저런 핑계를 대는 것은 자존감이 낮고 자신감이 결여돼 있기 때문이다. 시간을 조절하여 일을 마지막까지 미루다 처리하지 못한 것은 다른 문제이다. 의지와 결단력을 가지고 시간을 조절하여 의도적으로 미루는 것과 무조건 하기 싫어 질질 끌며 미루는 것에는 큰 차이가 있다. 해야 할 일을 직시하고, 지금부터 실천해나가는 사람이 미래의 성공을 거머쥘 수 있다.

과거, 현재, 미래의 시간 중 소중하지 않은 시간은 없다. 과거는 추억이요, 현재는 존재이며, 미래는 희망이다. 이 세 가지 시간 중 자신이 어디에 살고 있는지에 따라 운명이 결정된다. 과거를 보고 사는 사람은 발전하지 못하며, 현재를 보고 사는 사람은 과거를 돌아보며 현재를 완성한다. 현재를 충실하게 살아냄으로써 미래를 발전시킬 수 있는 것이다.

프랑스의 작가 시몬드 드 보부아르는 "오늘 당신의 인생을 바꿔라. 미래에 걸지 말고, 지체 없이 현재에 행동하라"고 말하였다. Carpe diem(카르페 디엠)! "현재의 순간을 잡아라, 현실을 즐겨라"는 뜻의 이 라틴어는 영화 〈죽은 시인의 사회〉에서 키팅 선생이 학생들에게 외친 말로 매우 유명해졌다. 극 중에서는 지금 살고 있는 이 순간이 확실하고 중요한 순간임을 일깨우려는 뜻으로 사용되었다. 현재를 충실히 살아가는 삶이 가장 중요하다. 불교에서는 과거, 현재, 미래라는 시간의 개념이 연기적으로 존재하며 한순간이 영원을 포함한다고 한다. 과거는 항상 현재 속에 존재하며, 미래는 현재에 이뤄져 있다. 그렇기 때문에 현재를 충실하게 살아가는 것이 과거, 미래, 현재를 아우르는 나의 인생에 충실하는 방법이다.

"내가 왕년에 말이야"라고 말하며 과거의 행적을 자랑하고 있다면, 현재의 삶에 만족할 만한 일을 하고 있지 않은 것이다. 현재에 충실하려면 과거에 대한 후회와 미래에 대한 지나친 걱정을 떨쳐버리고, 현실만을 직시하는 생각으로 단순화해야 한다.

'내년에 부모님을 모시고 여행을 가야지'라고 결심했다면, '오늘 부모님과 맛있는 식사를 해야겠다'라고 현재에 바로 실행할 수 있는 행동으로 바꿔라. '이번 여름부터 중국어를 배워야지'라고 결심했다면, 지금 바로 중국어 공부를 시작하라. 이것이 현재를 충실하게 살기 위한 첫걸음이다.

버락 오바마는 최근 연설에서 지구의 기후변화에 대해 "너무 늦기 전에, 지금 당장 조치를 취하자"고 말했다. 육체적인 수명의 한계가 있는 인간은 지금 현재의 삶이 매우 중요하다. 그렇기 때문에 미루는 습관을 버리고, 지금 행동하자. 지금 처리하고 행동해야 후회 없는 인생이 되는 것이다. 현재는 과거이자 미래이다. 망설이는 마음을 떨쳐버리고 바로 실천하여 나의 꿈을 이루자.

지금 이 순간을
살아라

현실을 직시하지 못하게 만드는 '상상'은 인지 훈련을 통해 바꿀

수 있다. 1퍼센트의 사실을 다르게 인식하는 것이 현실을 직시하는

'태도'이다. 한 번의 실패를 또 다른 도전의 기회로 받아들이려는

마음가짐이 중요하다. 이를 통해 삶의 질을 높일 수 있다.

자존감과 자신감이 결여된 사람들은 일처리가 미숙하며, 질질 끄는

습관이 있다. 의지와 결단력을 갖고, 실천하는 사람만이 성공할 수

있다.

현재에 충실하려면 과거에 대한 후회와 미래에 대한 걱정을 버리고,

현실만을 직시하는 생각으로 단순화해야 한다. 바로 실행할 수 있는

행동으로 바꿔보라. 그것이 현재를 충실하게 사는 첫걸음이다.

02

인생의 진정한 가치

내가 알고 싶은 것은
모두 책 속에 있다

책은 늘 살아 있어서, 자기의 씨앗을 인간의 마음속에 심으며,
다가올 새로운 시대에 끝없이 행위나 의견을 불러일으킨다.
― 프란시스 베이컨

책 속에 우리의 인생이 들어 있다.

데일 카네기는 "나의 이념들은 나의 것이 아니다. 소크라테스에게서
빌렸다. 체스터필드에게서 슬쩍 했다. 예수님에게서 훔쳤다. 그리고
난 한 책에 그것들을 집어넣었다. 만일 당신이 그들의 원칙들이 맘
에 안 든다면, 누구의 것을 사용할 것인가?"라는 질문을 던졌다.

　독서의 장점은 손가락으로 꼽을 수 없을 만큼 많다. 책은 지식을
전달해줄 뿐만 아니라 상상력과 언어구사능력, 집중력을 향상시킨
다. 그리고 내가 좋아하는 책을 읽으면서 현실을 잠시 잊게 해서 스
트레스를 해소해주고, 나를 뒤돌아볼 수 있는 기회를 준다.

책 속에 길이 있다

독서는 지식의 습득을 위해서일 뿐만 아니라, 자신감을 얻기 위해서 한다. 책을 읽는 사람들은 항상 부족함을 느끼기 때문에 더 많은 책을 읽게 된다. 책을 읽음으로써 얻는 이점은 많다. 우선 작가의 감정에 호흡을 맞춤으로써 공감하는 법을 배울 수 있다. 또한 간접 경험을 통해 상상력과 창의력을 키울 수 있다. 독서의 시간 동안 몰입함으로써 스스로 내면의 가치를 깨닫는다. 그리고 혼자만의 시간을 소중히 여기게 된다.

반면에 책을 읽지 않는 부류의 사람들은 자신이 알고 있는 지식이 많다고 생각하며, 자신의 무식함에 대해 창피하게 여기지 않는다. 무능한 사람들이 오히려 자신이 뛰어나다고 착각하는 현상을 '더닝 크루거 효과'라고 한다. 무능한 사람들은 자신의 능력을 과대평가하고, 타인의 실력을 알아보는 눈도 없다.

책을 읽지 않는 사람도 독서를 하지 않는 것에 대해 창피함을 모른다. 평생 읽은 몇 권의 책만으로 자신이 모든 지식을 섭렵한 듯 과장된 제스처를 취한다. 맛있는 밥 한 끼에 지불하는 돈은 아깝지 않지만, 책을 사는 돈이 아깝다고 생각하는 것은 자신의 무지함을 드러내는 것이다.

책은 결코 지성인만의 전유물이 아니다. 모두에게 열려 있는 지식창고이다. 그럼 어떻게 책을 읽는 것이 효과적일까? 책은 분명

책 이상의 가치를 갖고 있다. 잘 알고 있어야 책의 가치를 잘 모르는 사람에게도 설명할 수 있지 않겠는가.

어떻게 읽어야 할까?

우선 책을 전혀 읽지 않다가 갑자기 책을 읽으려면, 어떤 책을 읽어야 할지 막막해진다. 독서는 습관을 들여야 하기 때문에 문외한이라면, 쉽게 접근하지 못할 수도 있다. 그러나 답은 간단하다. 어떤 분야든 상관없다. 자신이 좋아하는 분야를 선택하면 된다. 연애소설이든, 요리책이든 여행서적이든 어떤 책에서도 배울 것은 있다. 그렇게 책에 익숙해지고, 점차적으로 분야를 넓혀가는 것이다. 책을 읽는 순간에 어떠한 감동을 느끼지 못했다고 해도, 그 내용들은 우리의 기억 저장소에 보관되어 있다가 필요한 순간에 감동을 전달한다. 책 속에는 실패한 당신의 상처를 위로해주는 따뜻한 한마디가 담겨 있다. 책을 읽는 순간은 영혼의 에너지를 충전하는 시간이자, 치유의 시간인 것이다.

"사람들은 인생을 어느 정도 살 때까지 책들을 이해하지 못한다. 깊이 있는 책의 경우에는 사람들이 그 내용의 일부를 살아보기 전까지 이해하지 못한다.^{에즈라 파운드}" 당신이 20대에 읽은 책을 지금 다시 읽어보라. 하나의 책을 10대부터 60대에 이르기까지 반복해서 읽게 되면, 살아온 인생 경험에 따라 책 속에서 깨닫는 지혜가 달라진다. 즉 공감하고 동조하는 포인트가 달라지는 것이다. 그것은 그때그때 상황에 맞게 마음을 울리는 내용을 읽는 순간을 '교류'하는 것이다.

우리가 세상을 일일이 다 다녀보고 체험할 수는 없지만, 책을 통해서 타인의 경험을 읽으며 내 것으로 만들 수 있다. 지식이 많아지면 생각이 넓어지고, 생각이 넓어지면 사소한 일들에 감정을 섞거나 다치지 않고 견고하면서도 유연한 나만의 세계를 만들어나갈 수 있다. 그리고 그 지식을 이용해 지혜로운 삶을 살아가는 것, 그것이 책을 통해 얻을 수 있는 가장 큰 소득이다. 이 가치를 함께 공유하며, 성숙해져간다면 더 바랄 것이 없겠다.

책 속에서 얻는
인생의 가치

독서의 이점: 독서를 통해 지식 전달, 언어구사능력과 상상력,

창의력, 공감 능력 및 집중력 향상, 간접 경험을 할 수 있다.

또한 사고력 증대와 지혜로운 삶을 살 수 있다. 독서는 스트레스

해소, 자기반성, 영혼의 치유 및 에너지 충전의 시간을 준다.

어떤 책에서든 배울 것이 있다.

독서의 습관을 들이고, 나의 심신을 훈련하자.

03

나눔

타인에게 내미는 손을
부끄럽게 여기지 마라

중요한 것은 사랑을 받는 것이 아니라,
사랑을 하는 것이었다.

— 서머셋 모옴

대한민국 대표 항공사 대한항공의

조중훈 회장이 처음부터 부자였던 것은 아니었다. 그는 20대에 미군 영내청소를 하청받았는데, 한 번은 물건을 싣고 운전하여 인천에서 서울로 향하다가 한 외국 여성이 차가 고장 나서 난감해하는 걸 보고 도와주었다. 그는 사례금을 거절하고 연락처만 주고 돌아왔는데, 다음날 그녀는 남편과 함께 그를 다시 찾아왔다. 그 남편은 다름 아닌 미 8군 사령관이었고, 그것이 인연이 되어 그는 미군 내에서 나오는 중고차를 받아 수리하는 사업을 하게 되었다. 그렇게 우연한 도움을 계기로 성장하게 된 조중훈 회장이 바로 오늘날의 대한항공을 탄생시킨 장본인이다.

타인을 존중하는 마음, 배려하라

조중훈 회장은 그녀가 미 8군 사령관의 아내라서 도와준 것이 아니다. 그저 곤란에 처한 한 여성을 도와준 것이 계기가 되었을 뿐이다. 때때로 순수한 마음으로 내민 손은 어느 날 자신의 삶에 큰 변화를 가져오게 된다. 남이 나를 도와줘서 변화할 수도 있지만, 손을 내밀며 나누는 법을 배우면 스스로 내면의 변화를 겪게 된다. 타인에게 연민을 느끼고 타인과 공감하며 호흡하면 어느새 각박하고 메말랐던 인생에 여유가 생기고 감사하게 된다.

내가 많은 것을 주는가, 적게 주는가는 중요하지 않다. 그 와중에 나에게 누군가 내미는 손을 잡을 수도 있다. 손을 먼저 내밀어 남에게 베풀지 않고 남이 나에게 베풀 것을 어찌 바랄 수 있겠는가. 남의 것에 욕심 부리며 시샘하지 말고, 내 것을 먼저 나누는 건 말처럼 쉽진 않다. 인간이기 때문에 내 곳간의 곡식부터 가득 채우고 싶은 맘이 들지만, 어려움에 처한 사람에게 내가 줄 수 있는 도움을 주는 마음이 우선되어야 한다.

도움이 반드시 부담스러운 것은 아니다. 짐을 들고 힘겹게 걸어가는 노인의 짐을 들어줄 수 있는 마음, 회사 회식에서 좋은 음식을 먹게 될 때 그 음식을 가족과는 같이 먹지 못해 안타까워하는 마음, 늙으신 어머니와 한 번이라도 식사를 함께하고자 하는 마음, 친구가 잘되었을 때 진심으로 기뻐해줄 수 있는 마음, 주고받는 것에 대해 계산하지 않고 더 많이 주지 못해 미안하다고 여기는 마음, 집에서 키우는 강아지가 아플 때 자식처럼 안타까워하며 울어줄 수 있는 마음, 아름다운 마음을 보면 외면하지 않는 마음, 이런 마음이야말로 우리가 타인과 공감하며 함께 행복하게 살아가기 위해 필요한 마음이다.

주는 마음의 기쁨을 알게 되면, 내가 남에게 주었는데 상대방이 나에게 그만큼 주지 않는다고 원망하는 마음이 생기지 않는다. 곳간의 곡식은 채워졌다가도 사라지지만, 마음의 곡식은 내주면 내줄수록 더 많이 채워지게 된다. 이 원리를 알면, 내것을 준다고 곳간이 줄어들지 않는다는 것을 깨닫게 된다.

인간은 태어나면서부터 사람에 대한 연민인 측은지심을 갖고 태어나지만, 가정환경과 성장 과정에 따라 연민의 그릇이 더 커지기도 하고 그릇이 닳아서 조그마해져 가기도 한다. 넘치는 사랑을 올바르게 표현하는 부모 밑에서 성장하면 아이들도 남에게 사랑을 베푸는 마음의 여유를 배운다. 하지만 부자인 부모라도 이기적이고 자신과 가족밖에 모르는 부모 밑에서 자라면 아이들도 이기적이 된다. 본성이 그렇지 않아도 보고 듣는 것에 따라 마음 그릇의 크기가 달라지는 것이다. 그래서 남에게 손을 내밀 수 있는 마음 그릇을 가지려면 곳간의 곡식을 덜어내듯 내 마음 그릇을 자꾸 비워내야 한다.

우리가 추구해야 할 삶의 목표는 행복이다

"나만 왜 불행하지?"라는 세상에 대한 원망은 영혼을 정갈하게 하고 자연에 귀 기울이며 마음 훈련을 하다 보면 사라지게 된다. 나의 영혼이 맑아지면 맑아질수록 독설과 악한 기운이 마음에 새겨지지 않고 스쳐 지나간다. 그리고 내가 갖고 있는 본연의 생각과 맑은 마음만 남게 된다. 하지만 영혼이 탁해지면 모든 유해한 말과 기운이 마음 곳곳에 새겨진다.

강건하고 맑은 마음을 갖고 있으면 타인이 내미는 손을 진심으로 감사할 줄 알게 되고, 나 역시도 타인에게 손을 내밀며 행복해진다. 손을 내민다는 것이 반드시 거액의 기부와 솔선하여 봉사하는 적극적인 삶의 태도일 필요는 없다. 음식을 나눠 먹는 것 같은 작은 행위 하나도 내가 기뻐서 하고 상대방에게 도움을 줄 수 있으면 된다. 준 다음에 상대방이 얼마나 기뻐했는가는 상대방의 몫이다. 내가 원했던 것보다 도움이 작았다고 불평하는 상대라고 해도 그건 그 사람의 몫이다. 또한 내가 기꺼이 주고 싶어서 주되 내게 필요 없어서 주는 것이 아니라, 내게도 소중하지만 나눠주는 마음이어야 한다.

덩치가 크더라도 애정부족인 사람은 제스처만 크지 마음의 크기가 작다. 자신은 부모에게서 사랑을 많이 받았다고 하지만, 충분한 사랑을 받은 게 아니라 독선적인 사랑을 받았을 수 있다. 남에게 어떤 식으로도 손을 내밀지 않고 나의 이익만을 추구하는 사람이 타인이나 세상을 향해 독을 품고 원망한다면, 그 독과 원망은 부메랑처럼 나에게 돌아오게 된다. 내가 나의 마음 그릇에 독을 풀어놓는 셈이 되어 점점 더 베풀 수 있는 마음이 없어지게 된다.

한 마디 말을 건네고 한 번 손을 내밀면 세상 전체에 얼마나 큰 변화가 일어나는지 보고 싶지 않은가. 멀리 있는 상대방이 아니라 주변의 사람들에게 약간의 노력만 해도 행복 바이러스가 퍼져 나간다. 상대방을 비난하고 음해하면서 불행의 바이러스를 전달하면 행복하고 싶은 상대방은 떠날 것이다. 손을 내밀어 한 번이라도 상대방을 진심으로 안아주려 한다면 나의 병든 마음도 서서히 치유될 것이다. 미운 마음을 거두고 손을 내밀면 치유되는 것은 상대방이 아니라 나 자신이다. '도와주다'라는 영어표현이 'give a hand'이고, 한국어로도 '도움의 손길을 내밀다'라고 해석한다. 이는 손을 한 번 내밀어 일으킬 수 있는 변화가 크다는 이치를 잘 설명해주는 표현이다.

내가 남에게 준 것은 기억하지 말고, 남에게 받은 것은 기억해두었다가 감사하는 마음으로 되갚으면 행복해진다. 누군가에게 손을 내미는 순간 나의 마음 그릇이 차기 시작하니, 이 이치를 알면 손 내미는 게 행복해진다. 행복, 이것이 우리가 추구하는 삶의 목표이다. 그리고 나누는 것만큼 소중한 것이 타인에게 피해를 끼치지 않는 것이다. 타인에게 자꾸 공짜로 무엇을 얻어가려는 사람들을 지켜보면 그들은 기꺼이 자기 것을 주겠다는 생각 없이 받는 것에만 익숙해 있다.

미움과 증오에 집착하는 마음은 나를 가두지만
사랑하고 베푸는 마음은 나를 자유롭게 한다.

내가 내미는 한 번의 손길이
세상을 따스하게 변화시킨다.

덜 가졌다고 남에게 받는 것이 습관이 되어 손을 벌리다 보면 자립심이 약해진다. 무엇이든 내가 두 개를 주고 하나를 받을 수 있다고 생각해야 관계에 불만이 생기지 않는다. 손을 내밀기 위해서는 타인에게 뭔가를 바라는 마음부터 버려야 한다. 세상에 공짜는 없고 모든 것에는 눈에 보이지 않는 가격이 매겨져 있기 때문에 주는 것은 공짜로 주고, 받는 것은 가치를 인정하며 감사하는 마음으로 받아야 한다.

나눔, 한 번 더 행복해지는 기회

늙어서 자식들이 주는 돈으로 생활을 하는 어르신들이 많다. 이때 자식이 주는 돈에 감사하는 부모와 당연하게 요구하는 부모는 자식들에게 받는 대접이 다르다. 고마워하는 마음을 가져야 주는 손도 행복하다. 자식들에게 신세 지지 않으려고 칠십이 넘은 나이에 지하철 택배를 하는 아버지를 보면 자식은 미안한 생각이 들기 마련이다. 자식에게 부담을 주지 않으려고 애쓰는 부모의 그런 모습이 안타까워 더 배려하고 신경 쓰게 되어 있다. 서로 안타까워하고 연민을 갖고 사는 것, 그런 태도가 우리가 한 세상을 살며 소통하는 데 절실히 필요하다.

부모가 최선을 다해 사는 모습은 자식에게는 힘이 되며, 남들 보기에 그럴듯한 직업이 아니라고 창피해한다면 자식은 세상살이의 기본인 인간에 대한 연민이 결핍된 사람이다. 사회적으로 훌륭하다고 하는 사람들의 평판은 누구를 통해 듣는가에 따라 다를 수밖에 없다. 술집 골목에서 하는 얘기는 술 취한 사람들의 얘기요, 같은 사무실에서 하는 얘기는 그 사람의 일하는 모습을 본 사람들의 단편적인 얘기이다. 따라서 사람의 진면목은 가족들에게 어떤 모습으로 존재하는가로 파악할 수 있다. 부모와 자식 그리고 가족에게 연민을 갖고 대하는 사람들, 그 사람들의 인간적인 모습에서 '사람'임을 배울 수 있다.

하지만 그 가족에 대한 연민은 이기적인 욕심으로 남의 것을 빼앗아서 베푸는 마음이 아니라, 타인의 생활을 존중하고 탐하지 않으며 나의 실력으로 마음을 다해 배려하는 태도를 말한다. 온기를 누군가에게 전하기 위해서 큰 결심이 필요한 게 아니다. 한 번만 옆을 돌아보고 상대방의 눈높이로 생각하면 된다. 가장 가까운 사람에게 먼저 손을 내밀어보자. 살다 보면 누구나 인생에서 실수를 하고 지우고 싶은 과거를 만들 때가 있다. 과거에 대한 참회는 마음으로 하고, 자신을 계속해서 책망하는 것보다는 현재 세상에 더 많은 손을 내밀어 상쇄시키는 것이 현명한 방법이다.

불교의 《금강경》에서는 죄의식을 갖고 자신의 전생부터 지은 업장을 참회하는 대신 힘써 보살행을 하라고 말한다. 즉 과거에 얽매이기보다는 이 순간에 마음을 더 잘 쓰는 것이 중요하다는 얘기이다. 마치 손이 손바닥과 손등으로 구성되어 있듯이, 번뇌와 지혜도

손의 두 부분과 마찬가지이며, 어느 날 번뇌무명이 깨달음의 지혜로 얼굴을 바꾸기도 한다. 그래서 과거에 자신과 타인이 지은 죄에 집착하는 사람은 계속 그 부분만을 보고 있기에 마음이 불행한 상태이다. 하지만 자신이 지은 죄를 참회하고 타인이 지은 죄를 용서한 후 베푸는 마음에 몰두하는 사람은 선을 보고 있기에 마음이 행복한 상태가 된다.

미움과 증오에 집착하는 마음은 자신을 감옥에 가두는 행위지만, 사랑하고 베푸는 마음은 자신을 자유롭게 하는 행위이다. 그래서 남에게 받는 사람이 아니라, 주는 사람이 한 번 더 행복해지는 시간이다. 먼저 손 내밀 수 있는 사람이 되어보자.

배려와
나눔

먼저 손 내밀고 배려하는 마음을 갖게 되면 타인을 존중하고

배려하는 법을 배우게 된다.

남에게 손 내밀 수 있는 마음의 그릇을 가지려면,

나의 마음을 비워내는 훈련을 해야 한다.

내가 남에게 준 것은 기억하지 말고, 남에게 받은 것은

기억해두었다가 감사하는 마음으로 되갚으면 행복해진다.

손을 내밀기 위해서는 타인에게 공짜로 뭔가를 바라는 마음부터

버려야 한다.

미움과 증오에 집착하는 마음은 자신을 감옥에 가두는 행위지만,

사랑하고 베푸는 행위는 나를 자유롭게 한다. 손을 내밀면 받는

사람이 아니라, 주는 사람이 될 때 한 번 더 행복해진다.

04

단점 극복

아킬레스건은 나에게만 있지 않다

미숙한 사람도 꾸준히 연습하고 단련하면
단점을 극복하고 큰 장점을 몸에 지닐 수 있다.

- 프란시스 베이컨

하늘의 신이자, 올림푸스의 통치자인
제우스와 바다의 신 포세이돈은 둘 다 바다요정 테티스가 낳은 아들을 원했다. 불의 신 프로메테우스는 그녀가 아이를 낳으면 아버지보다 더 위대해질 거라고 경고했다. 그들은 이를 용납할 수 없어서 테살리아의 펠레우스 국왕이 아버지가 되게 한다.

아이가 태어나자, 테티스는 자신의 아들이 평범한 사람이 되는 걸 참을 수 없었다. 그래서 테티스는 죽음의 세계 하데스로 흐르는 스틱스 강에 아이를 담갔다. 그 강은 사람의 몸을 신의 육체로 바꿔주는 마법의 강이었다. 테티스는 아이의 발목을 잡고 스틱스 강에 담갔고, 물이 닿지 않은 그 부분만 인간의 육체로 남게 되었다. 그 아이의 이름이 아킬리스이다. 아킬리스는 인간의 육체인 발꿈치에 화살을 맞아 죽게 된다. 그래서 '아킬레스건'이란 표현이 생겨나게 되었다.

누구나 아킬레스건은 있다

'아킬레스건'은 누구에게나 있다. 사람들은 자신의 약점은 숨기고 남의 약점을 찾아내어 공격하고 비난하는 걸 즐긴다. 인기 텔레비전 프로그램에서는 상대방의 치명적인 약점을 '디스'하며 시청자와 함께 즐긴다. 자신의 상처를 드러내지 않게 하기 위해 타인의 상처를 최대한 부각시키려고 한다. 때때로 이런 상황에 직면한 대부분의 사람들이 하는 행동은 크게 두 부류로 나눌 수 있다. 죽음을 택하거나, 허탈하게 웃으며 자신을 희생양 삼아 스스로 '디스'해서 타인에게 쾌감을 주는 것이다. 하지만 아무리 아무렇지 않은 듯 웃고 있어도 공격당하고 비난당하는 일은 두렵기만 하다.

조직에서는 반드시 한 명의 희생자가 있고, 한 명의 저격수가 있다. 누구나 약점이 있다 하더라도 조직 내에서도 힘의 원리에 의해 돈과 권력을 가진 사람은 건드릴 수 없고, 그 외의 사람 중 하나가 공격의 대상이 되곤 한다. 사생활을 들춰내어 비아냥거리지만, 무리에서 떨어져 나가지 않고 생존하려면 그런 공격은 과감하게 견뎌내야 한다.

열 명의 사람이 모이면 누구에게나 다 있는 단점이지만, 결국 조직을 누가 장악하는가 그리고 누가 리더인가에 따라 서열이 정해지고, 누구의 단점을 건드리면 되고 안 되는지가 암묵적으로 정해진다. 싫으면 만나지 않으면 되는 거고, 좋으면 상대방의 백 가지 면 중에서 장점을 찾아 말해주어야 하는데 어떤 때는 힘의 논리가, 또 어떤 때는 자신의 모난 마음이 그렇게 하지 않는다. 말은 입이라는 그릇에 담아내지만, 말의 그릇에 담긴 것은 마음이다.

남의 단점과 실수를 공격하고 극대화하는 습관을 계속하다 보면 추해진다. 나의 입에 칼을 물고 있으면 피가 나고 다치는 것은 나 자신뿐이다. 그리고 만일 내가 공격에 시달리는 피해자라면 유머로 유연하게 대처하거나 단호하게 대처하라. 혼자서 모든 사람을 소외시키고 살아갈 수는 없을 테지만, 좋은 게 좋은 거라는 태도를 취해서는 결코 안 된다. 내가 공격이나 비난의 대상이 된다면, 재치 있게 웃으며 회피할 수 있는 상황인지, 아니면 정면승부해야 하는지 판단하라. 공격하는 사람들은 그게 그저 하나의 습관일 뿐 자각하지 못하고 있을 수도 있으므로 지적해줄 필요가 있다. '친구'니까 어떤 화법도 괜찮다는 말 자체가 모순이다.

세상에 건강하고 좋은 사람들이 너무나 많다. 그래서 내 마음을 가다듬고, 더 좋은 사람들과 어울릴 수 있는 상태가 될 수 있도록 마음속의 거울을 꺼내 남의 아킬레스건이 아니라, 나 자신의 아킬레스건을 비춰보자. '똥 묻은 개가 겨 묻은 개 나무란다'는 속담이 말해주듯 내 몸에 혹시 똥이 묻었는데, 못 보는 것은 아닌지 나를 돌아보고 반성하는 데 더 많은 시간을 할애하자.

우리 모두 완벽하지 않은 인간이며, 모두가 아킬레스건이 있다. 모난 마음을 귀가 나간 그릇에 담아 상대방에게 내밀지 말고, 아름다운 그릇에 담아 상대방에게 보여주자. 하루에 한 번씩 가족과 친한 친구들에게 감사하는 마음을 전달하는 연습을 하자. 상대방의 상처를 알고 있더라도 그것을 들춰내지 말고 따뜻한 말로 위로해주자. 약점을 찾아내고 헐뜯는 습관 또한 연습을 통해 고쳐나갈 수 있기에 나의 마음이 자꾸 미워지고 모나지 않도록 방치하지 말자. 나를 가장 사랑하는 사람은 자신에게 엄격하고 타인에게 관대하다는 것을 잊지 말자.

아킬리스의 어머니 테티스는 사랑하는 아들 아킬리스가 인간의 몸이 아닌 신의 몸으로 살도록 하기 위해 아들의 발목을 잡고, 스틱스의 강물에 담갔다. 아이러니하게도 어머니가 잡아준 바로 그 부분이 아킬리스의 죽음을 초래한 치명적 약점이 되고 말았듯이, 나의 사랑하는 마음이 내가 사랑하는 상대방의 치명적 단점이 될 수도 있다. 그래서 내가 사랑 때문에 하는 행위가 상대방에게 치명적 독이 되고, 아킬레스건이 되는 건 아닌지 돌아봐야 한다.

단점
극복하기

,

사람에게는 누구나 아킬레스건이 있다. 우유부단한 생각과 대처방법 때문에 우리는 스스로 피해자가 될 수 있다. 먼저 내가 타인을 대하는 방법을 바꿔야 하며, 말은 마음을 담는 그릇이므로 항상 신중하게 해야 한다.

자기 자신을 가장 사랑하는 사람은 자신에게 엄격하고 타인에게 관대해야 함을 잊지 말자.

상대방의 상처를 들추지 말고, 따뜻한 말로 위로하라. 약점을 찾아내고 헐뜯는 습관은 연습으로 고칠 수 있다. 내 마음이 자꾸 미워지고, 모나지 않도록 방치하지 말자.

05

목적

의도와 결과를 일치시켜라

자신이 생각하기에 따라 인생이 달라진다.

– 마르쿠스 아우렐리우스

자신의 마음을 항상 관찰하고 맑고 강하게

닦아야 하는 이유 중 하나가 모든 결과는 처음 의도대로 돌아가는 원리 때문이다. 제니퍼 로페즈 주연의 〈이너프〉라는 영화는 박스 오피스 히트 작품은 아니었지만, 지금 얘기하고 싶은 '의도'라는 면과 연관이 있다.

여주인공 슬림은 식당에서 웨이트리스로 일하던 시절, 한 손님이 추근대는 바람에 직장에서 난처한 상황을 겪었다. 이를 본 미치는 슬림을 곤경에서 벗어나도록 도와주었다. 이 사건을 계기로 둘은 사랑에 빠진다. 슬림은 부유한 미치와 결혼하여 딸아이를 낳고 살지만, 행복하지 않았다. 남편의 상습적인 폭행과 불륜 때문이었다.

결국 슬림은 남편을 피해 딸과 도망다니며 살다가 적극적인 방어만이 살 길이란 사실을 깨닫는다. 그렇게 호신술을 배우게 되고, 결국 남편의 집에 침입해 정당방위를 가장한 살인을 하게 된다.

처음의 의도가 결과를 결정한다

이 영화는 사랑과 믿음으로 잘 살아가고 있는 부부들에게는 섬뜩한 스토리이겠지만, 우리는 이를 통해 작품에 숨겨진 하나의 콘셉트를 볼 수 있다. 처음에 미치가 슬림에게 접근했던 것은 단순히 친구와 꼬시기 내기를 했던 것이었다. 재미 삼아 시작된 관계가 결혼까지 이어지긴 했지만, 결국 슬림은 미치의 장난스러운 내기 대상에 지나지 않았기에 시간이 지나면서 본색을 드러낸 것이다.

하지만 애절하고 진실한 사랑 이야기도 있다. 언제 봐도 애절한 사랑이 가슴을 울리는 영화 〈러브스토리〉의 사랑이다. 여주인공인 제니도 부잣집 아들인 올리버를 만나서 빈부의 차이를 극복하며 열렬히 사랑한다. 숨겨진 의도 없이 오로지 순수하게 사랑만을 갈구했던 두 사람은 제니의 죽음으로 불행한 결론을 맺게 된다. 하지만 이 이야기는 처음부터 끝까지 오로지 조건 없는 '애절한 사랑'을 그리고 있다. 그래서 사람들의 가슴에 '슬프지만 아름다운 사랑'으로 기억된다.

그렇다. 사랑이 사랑일 수 있고, 우정이 우정일 수 있는 것은 애

초에 마음 속 깊이 추악한 의도를 품지 않았기 때문이다. 사람들은 다른 사람들의 마음속에 어떤 의도가 숨겨져 있는지 알지 못한다. 때로는 분명히 어떤 의도가 있는 행동임을 알고 있지만 자신의 이익을 위해 모른 척하기도 한다.

사람들의 심리에는 나쁜 의도로 시작된 일이라도 예기치 않게 좋은 결과를 초래하면 그 의도 자체를 미화한다. 반대로 의도하지 않았는데도 일의 결과가 안 좋으면 처음 의도가 불순하다고 여기는 경향이 있다. 결과로 최초의 의도를 임의적으로 판단하는 것이다. 하지만 사실은 첫 의도가 얼마나 진실하고 순수하였는지는 최후의 결과에 영향을 미치게 된다. 물론 의도만 있고 의도대로 행동하지 않았다면, 그 의도는 결과에 영향을 미치지 않는다. 이 때문에 "지옥으로 가는 길은 좋은 의도로 포장되어 있다"란 속담이 생겨났다. 의도가 좋아도 행동이 따르지 않으면 부정적 결과를 초래할 수 있고, 의도가 나빠도 행동하지 않으면 결과에 영향을 미치지 않는다. 의도와 행동이 일치하여 진행된 일은 대체로 그 결과가 이미 결정되는 것이다. 그래서 일을 할 때 '돈을 벌기 위해 일을 하는가'와 '일이 좋아서 하는가'란 두 가지 의도가 다른 결과를 초래하는 것이다. 돈을 벌기 위해 하는 일은 열정을 갖고 실행할 수는 있지만, 돈을 번다는 목적이 충족되면 의미가 없어진다.

하지만 자신이 좋아하는 일을 하다가 그 열정 때문에 돈이 벌리면 그 사람은 '돈과 행복' 둘 다를 차지할 수 있다. 하지만 자신이 하는 일의 '의도'가 오로지 물질 지향적이거나 '욕구'를 충족시키기 위해서라면 그 일의 본질에 다가갈 수 없다. 또한 일을 해도 행복하지 않고 많이 갖게 되어도 늘 부족한 듯 느껴진다.

순수한 의도는 그 의도만으로도 엄청난 결과를 초래할 수 있다. 자기 일에 미쳐서 즐기는 사람은 당할 자가 없다고 말하는 이유가 바로 이것이다. 순수한 의도에는 열정이 포함되어 있지만, 불순한 의도는 결국 자기파멸의 지름길일 뿐이기 때문이다.

세상이 아직 아름다운 것은 대부분의 사람들이 삶과 인간관계에 대해 '순수한 의도와 열정'을 갖고 있기 때문이다. 자신의 마음을 조정하고 관계를 조작하여 이익을 추구하려 한다면, 결과는 좋을 수 없다. 우리는 어떤 행동을 할 때, "나는 이것을 왜 하는가?"라고 물어야 한다. 세상을 살면서 찌들고, 때 묻다 보면 사람들은 더 이상 세상 이치에 대해 순수해지지 않는다. 하지만 자신의 마음을 잘 갈고 닦으며 끊임없이 관찰한 사람은 적어도 '순수'할 수 있다. 내가 하는 일이 언제나 '순수한 의도와 열정'을 지니고 있는지 스스로에게 물어보자.

의도와 결과가
일치되려면

처음 의도가 얼마나 진실하고 순수했는지는 최후의 결과에 영향을

미칠 수밖에 없다. 의도와 행동이 일치하여 진행된 일은 대체로 그

결과가 이미 결정나 있는 것이다.

자신의 마음을 조정하고 관계를 조작하여 이익을 추구하려 한다면,

결과가 좋을 수 없다. 물론 그 과정에서 최초의 의도와 다른 '순수한

의도'가 생겨났다면 결과는 달라질 것이다.

마음을 잘 닦고 관찰한 사람은 '순수'할 수 있다. 항상 내가 하려는

일이 언제나 '순수한 의도와 열정'이 있는지를 물어보자.

06

중독

중독되지 말고, 마니아가 되어라

그릇도 차면 넘치고, 사람도 차면 잃게 된다.
- 《명심보감》 중에서

2001년 발표된 인간 게놈프로젝트의 결과,
인간의 유전자 수는 2만 4,000개로 초파리의 2배에 지나지 않는 것
으로 밝혀졌다. 이는 인간이 고등동물이라 유전자 수가 훨씬 더 많
을 거라고 예측했던 우리들의 생각을 뒤엎은 결과로 DNA의 차이
가 2퍼센트에 지나지 않았다. 초파리는 너무나 작지만, 인간과 같
은 중추신경계를 가졌을 뿐 아니라 유전학적, 형태적으로 유사성이
많다. 심지어 카페인이나 항히스타민제의 영향을 받을 뿐 아니라,
코카인에 대해서도 매우 비슷한 생화학적 경로를 이용하는 것으로
알려져 있다. 이 결과는 인간이 고등동물로 다른 생물보다 월등한
존재라 주장하며, 인간의 존엄을 강조했던 인간들의 오만에 찬물을

끼없는 충격적인 결과이다. 인간 목숨을 파리 목숨에 비유한 것은 우연이 아닌 듯하다.

생물학적인 우월성 외에 인간의 존엄성을 강조하기 위해 무엇을 주장할 수 있는가. 바로 영혼의 존재이다. 동물들과 달리 인간은 지적인 능력과 마음의 작용을 통해 생각하고 분석하고 말하고 실천할 수 있는 존재이다. 따라서 인간은 영혼의 무게가 육체의 무게와 똑같은 균형을 이루며 살아갈 수 있는 존재인 것이다.

중독된 삶은 불행의 시초이다

인간이 가장 취약한 부분이 이 중독성이다. 미국 재즈계의 전설인 빌리 홀리데이와 더 도어스의 리드 싱어인 짐 모리슨에게도 공통점이 있다. 빌리 홀리데이는 골수까지 침투한 마약중독으로 죽었고, 짐 모리슨은 마약 과다복용으로 인한 심장마비로 죽었다. 극소수이긴 하지만, 우리나라 연예인들도 일명 우유주사라고 불리는 프로포폴 투약으로 문란을 일으킨 바 있다.

많은 것을 가진 듯 보이는 사람들이 이렇듯 약물에 의존하여 살아가는 이유는 무엇일까? 한 가지 일에 뛰어난 사람이 되려고 노력하다 보면 인간은 균형 잡힌 삶을 살 수 없다. 이런 불균형은 안정되고 평안한 삶을 살게 하지 않는다. 불안감을 해소하기 위해 약물에 의존하게 되는 것이다. 불균형이 심해지면 불안감을 잠시 잊고 환각상태에서 만끽하는 황홀감에 도취하는 것이다. 또 현실의 고통을 망각하기 위해 약물에 손을 대는 사람들도 있다.

그런 일시적인 망각은 한 사람의 영혼을 파괴하는 데 결정적인 기여를 한다. 마약이 혈액을 통과해 뇌에 이르면 도파민과 같은 다양한 신경전달물질의 변화를 초래하여 황홀감을 느끼게 한다. 긴장을 풀어줄 뿐 아니라 미각이나 후각이 극도로 예민해지고, 심한 경우에는 환각이나 환청을 경험하게 된다. 마약이 마치 하나의 해결책이 되어줄 것 같지만, 마약은 스물스물 침투하여 영혼을 마비시키고 한 사람과 가족 전체를 파괴한다.

인간은 불안전한 존재이기 때문에 불안감에 현명하게 대처하는 법을 모른다. 그래서 단 한 번의 시도가 추후에 어떤 끔찍한 결과를 초래할지 생각해보지 않고, 잠시 편해지고 망각할 수 있는 방법을 선택한다. 일단 마약에 노출되어 뇌에 일종의 '바이러스'가 침투하면 자신이 주체적으로 생각하고 행동할 수 없고, 제3자에 의해 생각과 행동이 조정된다. 영혼을 파괴하는 약물을 뇌에 주입하고 나면 부정적 사건들이 동반될 수밖에 없다. 예술가들이 마약을 복용하여 예술에 대한 몰입도를 높인다고 주장한다면 그 예술작품은 절대 사람들의 인생에 도움이 되지 않는다.

예술작품은 예술가의 영혼을 사람들에게 선물하는 행위이다. 그런데 마약을 복용하고 예술작품을 만들어냈다면 그것은 병든 영혼을 담고 있는 것이기에 건강한 사람들에게 좋은 영향을 주는 작품이 될 수 없다. 자신이 스스로 스위치를 켜서 작동하지 않고, 약물에 의해 원격조정 당한다면 뇌가 녹아버림과 동시에 영혼도 사라지게 된다.

내 영혼의 주인으로 살기 위해서는 약물에 의존하지 않고, 스스로 고통과 싸워 이겨내야 한다. 그리고 불안정한 심리상태의 원인을 찾아내어 개선해나가야 한다. 행복하고 건강한 삶을 살려면 균형 잡힌 삶을 살아야 한다. 균형 잡힌 식사가 육체적 건강을 책임진다면 균형 잡힌 삶은 건강한 영혼을 책임진다. 불안함은 물질적 부족에서 오는 것이 아니라, 정신적인 충만함을 느끼지 못할 때 찾아오는 것이다. 그러므로 삶의 균형에서 중요한 것은 물질과 정신의 균형이다.

나의 열정을 발전의 원동력으로 삼아라

수백억 원이 있건 수천만 원이 있건 인간이 살 수 있는 수명은 비슷하지만, 영혼의 무게는 사람마다 다르다. 저울에 육체와 영혼을 올려놓았는데, 영혼이 너무 비어 있어서 한쪽으로만 기운다면 그 사람의 삶은 무언가 잘못되었다는 적신호가 들어온 것이다. 인기를 얻기 위해 항상 웃어야 하는 사람들, 일확천금을 꿈꾸며 사업에 몰입하는 사람들, 권력을 얻기 위해 매일 전략을 짜며 살아가는 사람들처럼 원하는 것을 얻기 위해 자신을 다그치다 보면 삶의 본질이 무엇인지 잊게 된다. 영혼이 없는 명예, 돈, 권력은 속 빈 강정과도 같다. 그런 허상을 차지하기 위해 달려가는 어리석은 삶은 영혼을 소진시키고, 결국 자신이 원하는 것을 손에 넣은 듯 보이지만, 아무것도 없는 빈껍데기일 뿐이다.

채워지지 않는 욕구를 정신적으로 승화시켜 자기발전의 원동력으로 사용하는 사람은 더 충족된 삶을 살 수 있지만, 오로지 욕구 충족에만 관심을 기울이는 사람은 언젠가 병적으로 한쪽으로만 쏠린 자신의 성향이 자기의 발목을 잡게 마련이다. 성에 집착하는 사람은 그에 대한 집착으로 인해 망신을 당하고, 돈에 집착하는 사람은 그에 대한 집착으로 인해 사기꾼이 된다. 그리고 자신들이 쌓아 올린 커리어를 스스로 짓밟게 된다. 투명하고 안팎이 똑같은 삶을 살지 못하는 사람들은 그 대가를 자신과 가족이 치르게 된다.

영혼이 병들면 삶의 균형을 잡기 위한 필터링 기능이 떨어지게 되면서, 한순간에 추락하게 된다. 영혼과 육체의 불균형으로 흔들리는 삶을 사는 사람들에게 필요한 것은 자신의 영혼을 좀 더 소중히 여기고 돌보는 것이다. 욕구 충족을 위해 자기 자신을 합리화하는 것은 스스로 영원히 헤어나올 수 없는 무덤을 파는 것이다.

눈에 보이는 물질적 성취나 소유가 영혼의 작품이 아니라면 그것은 비눗방울처럼 곧 사라지게 되는 순간의 허상이며, 영혼의 힘을 기울여 이루어낸 것만이 영속성을 갖게 된다. 누구나 한때 잘못된 길로 발을 내딛을 수 있다. 하지만 한때 저지른 잘못에 대해 진심으로 뉘우치고 반복하지 않는 것이 스스로에게 용서를 구하는 것이다.

자신이 망가뜨린 영혼은 더 많은 시간과 노력을 들여 돌봐야 한다.

인간이 초파리보다 훌륭한 것은 자신의 잘못을 반성하고 스스로 의지를 갖고 시정할 수 있다는 것과 타인의 악행에 대해 용서할 수 있다는 점이다. 이것이 건강한 영혼의 기능이다. 그래서 우리는 존엄성을 지키기 위해 자신의 과오를 반복하지 말고, 돌이켜보며 다시 영혼과 육체의 균형을 맞추어야 한다. 육체와 영혼의 무게를 달았을 때, 균형이 맞아야 한다. 절대 자신의 영혼을 함부로 대하지 말자. 오늘 나의 저울에는 육체와 영혼의 비율이 어떻게 매겨져 있는지 항시 점검해보자.

중독된 삶에서
벗어나기

원하는 것을 얻기 위해 자신을 다그치다 보면 삶의 본질이 무엇인지

잊게 된다. 허상을 차지하기 위해 달려가는 어리석은 삶은 영혼을

소진시키는 빈껍데기와 같다.

행복하고 건강한 삶을 살려면 균형 잡힌 삶을 살아야 한다. 균형 잡힌

식사는 육체적인 건강을 책임지고, 균형 잡힌 삶은 건강한 영혼을

책임진다. 불안함은 물질의 부족에서 오는 것이 아니라, 정신적으로

충만함을 느끼지 못할 때 찾아온다.

존엄성을 지키기 위해 과오를 반복하지 말고, 돌이켜보며 영혼과

육체의 균형에 대해 생각해보아야 한다. 육체와 영혼의 균형이

맞아야 인간의 존엄한 삶이 되는 것을 잊지 말고, 자신의 영혼을

함부로 대하지 말자.

07

미래를 위한 선택

현명한 선택,
실천의 시간을 번다

인생은 우리들이 선택하는 대로 된다.
- 월 풀

미국의 정신과 의사인 윌리엄 글래서는
"인간의 모든 행동이나 생각은 외부상황이나 타인에 의해 정해지는 것이 아니라, 자기 자신이 선택하는 것이다. 따라서 인간은 모두 자기 삶의 주인이 될 수 있다"고 하였다. 인간의 행동은 행동하기, 생각하기, 느끼기, 신체 반응하기로 이루어진다. 이중 느끼기와 신체 반응하기는 자신이 통제하기 힘든 것이고, 행동하기와 생각하기는 통제 가능하다. 그렇기 때문에 적극적으로 행동하고 생각하여 변화시킨다면 전체 행동의 변화를 이끌 수 있다.

실천하는 시간을 벌어주는 현명한 선택

미국의 한 조사 결과에 따르면, 운전자들이 운전하는 1분 동안 24번의 선택을 한다고 한다. 차선을 바꿀지, 끼어들지, 빨리 가야 할지, 아니면 고속도로로 빠져나갈 것인지 등 무수한 선택의 순간을 맞이한다고 한다. 우리의 인생도 마찬가지이다. 선택을 잘못하는 순간, 낭떠러지로 떨어지기도 하는 게 인생이다. 이 모든 인생의 사건들 중심에 나 자신이 있기 때문에 스스로 선택하는 훈련이 필요하다.

선택할 때 가장 중요한 것은 내 마음이 시키는 대로 하는 것이다. 기본을 바르게 갖춘 사람은 자신의 마음속 도덕과 규율에 따라 선택하기 때문에 다른 사람의 목소리에 좌우되지 않는다. 내가 해야 하는 일을 스스로 선택하는 것, 즉 내가 좋아하는 일을 선택하는 게 행복한 삶을 위해 우리가 해야 하는 첫 번째 실천 조항이다. 양자택일의 순간, 우리는 두 가지의 장단점을 분석적인 눈으로 비교해봐야한다. 편파적인 생각으로, 하나의 절대적 기준을 바탕으로 하나는 옳고 다른 하나는 그르다고 인식한다면 올바른 선택을 할 수 없다.

절대적으로 좋고, 절대적으로 나쁘다는 이분법적인 생각은 위험하다. 언제나 최선의 선택을 할 수 있도록 유연한 사고를 해야 한다. 아이들에게도 부모가 골라준 옷만 입히거나, 공부를 시키는 것보다 좋아하는 옷을 직접 고르게 하고 학원의 리스트를 뽑아 아이 스스로 선택하게 한다면 아이들은 스스로 자신의 인생을 선택하는 삶을 살게 될 것이다. 아이들에게 자기 마음을 스스로 알게 하는 게 중요하다.

이때 큰 선택의 순간에 올바른 방향을 설정한다면 작은 선택들의 잘못은 묻히게 된다. 부도덕적인 부모를 가진 한 아이가 있었다. 그 아이보다 두 살 어린 친구가 집에 놀러왔다가, 장갑을 두고 갔다. 뒷날 유치원에서 만난 어린 아이는 자신의 장갑을 돌려달라고 말했다. 그런데 그 아이는 이렇게 말한다. "그 장갑이 원래는 네 것이었지만, 우리 집에 두고 갔으니 이제 내 것이다." 이 말을 전해들은 아이의 부모는 잘못을 지적하지 않고, "허허, 녀석. 커서 뭐가 되려고, 아주 영특하네"라고 말하였다. 그 아이의 이런 선택은 부모의 평소 행동을 보고 한 것이다. 올바른 선택을 하기 위해서는 올바른 생각이 기본이 되어야 한다. 그렇기 때문에 선택하기 전, 우리는 옳고 그름을 분별하는 능력을 키워야 한다.

선택의 연습, 실패를 줄인다

조세프 헬러의 1961년 《캐치-22》란 소설에서 한 조종사가 군대 정신과 의사에게 자신의 정신이상 감정을 의뢰한다. 그는 자신의 정신이 온전치 않아 위험한 임무를 할 수 없다는 상황을 묘사하면서 '캐치-22'란 단어를 사용하였다. 하지만 자신이 스스로 정신이상 감정을 의뢰한다는 것은 분별력이 있다는 반증이다. 그 조종사는 정신이 멀쩡하다는 것을 스스로 입증한 것이므로, 어떤 행위도 자신에게 해가 되는 진퇴양난의 상황에 빠지게 된 것이다.

진퇴양난일 때, 어떤 선택을 하는지에 따라 운명이 결정된다. 곤경에 처했을 때 내리는 선택이야말로 그 사람이 평소에 갖고 있는 생각의 산물이다. 선택 훈련을 해야 하는 이유는 인생의 무수한 선택의 순간에서 제대로 된 선택을 하기 위해서다. 작은 선택들도 계속해서 잘못 하다 보면 그것이 쌓이고 쌓여 인생에 적지 않은 피해를 끼칠 수 있다. 오늘 당장 내가 하고 싶은 일과 하기 싫은 일을 선택하는 훈련을 해보자.

선택도 훈련이 필요하다

선택을 잘못하면 낭떠러지로 떨어지기도 하는 게 인생이다. 이 모든

인생의 사건들 중심에 나 자신이 있기 때문에 스스로 선택하는

훈련이 필요하다.

절대적으로 좋고, 절대적으로 나쁘다는 이분법적인 생각은 위험하다.

언제나 최선의 선택을 할 수 있도록 유연한 사고를 해야 한다. 올바른

생각을 갖고, 옳고 그름을 분별하는 능력을 길러야 한다.

선택 훈련을 하는 이유는 인생의 중요한 선택의 순간에 제대로 된

선택을 하기 위해서다. 작은 선택들도 계속해서 잘못 하다 보면 그것이

쌓이고 쌓여 인생에 적지 않은 피해를 끼칠 수 있다.

하고 싶은 것과 하고 싶지 않은 것을 가리는 훈련을 해보자.

내 마음을 나 자신이 아는 것이 가장 중요하다.

08

습관

좋은 습관이 좋은 기적을 만든다

우리는 모두 반복된 행위를 통해서 만들어진다.
따라서 탁월하다는 건 단일한 행위가 아니라 습관이다.

– 아리스토텔레스

1980년대 영국 캠브리지 대학에서

쥐를 이용한 실험을 했다. 쥐 한 마리는 음식을 얻기 위해 레버를 누르도록 훈련되었다. 다음 단계에서는 레버를 누르지 않고도 음식을 얻을 수 있지만, 음식을 먹는 순간 통증이 오게 했다. 그랬더니 쥐는 음식의 가치를 낮게 평가했다. 마지막 단계에서는 레버가 있는 원래의 방으로 옮겨졌지만, 쥐는 음식을 먹기 위해 레버를 누르지 않았다. 이 연구 결과를 통해 습관적인 행동은 상황과 밀접한 관계를 드러내는 것으로 밝혀졌다.

인간은 누구나 부족하다. 하지만 길들여질 수 있는 가능성이 있다. 그래서 언제나 누구나 때를 막론하고 변화할 수 있는 존재다. 하나로 규정지을 수 없는 게 인간이다. 특히 후천적 특성인 습관은 훈련에 의해 발전될 수 있다. 오랫동안 몸에 밴 습관은 그 사람의 성격이 된다. 굳어진 습성과 사고, 성격은 쉽게 바뀔 수가 없다. 그래서 우리는 좋은 말과 좋은 생각을 길들이기 위해 노력해야 한다. 여기서 주의해야 할 점은 좋은 게 좋은 거라는 안일한 태도를 취해서는 안 되는 것이다. 나의 행복을 위해 좋은 습관을 선물한다는 태도를 가져야 한다. 나의 의지와 주체적인 노력만이 좋은 삶을 살 수 있게 하는 것임을 잊지 말아야 한다.

행복을 만드는 기적 1. 식습관, 걷기

삶의 행복을 위해 좋은 습관을 들이기 위해서는 어떻게 해야 할까? 무엇을 먹는지는 삶의 질에 영향을 주기 때문에 습관을 잘 들여야 한다. 잘 먹는다는 것은 비싼 음식을 먹는 게 아니라, 내 몸에 맞는 영양소를 골고루 섭취하는 것을 말한다. 살기 위해 억지로 음식을 밀어 넣어서는 안 된다.

"식습관을 잘못 들인 사람 중 살아남은 사람은 극소수에 불과하다.조지 버나드쇼" 그만큼 먹는 습관이 수명에 미치는 영향이 크다. 프랑스 사람들은 두 시간 동안 점심을 즐기며, 하루 평균 2시간 20분을 식사 시간에 할애한다. 그들은 쉴 새 없이 대화를 나누고, 음식을 먹는 습관을 즐긴다.

좋아하는 사람과 눈을 마주보며 대화를 나누고 맛있는 음식을 먹는 것, 이것이 그들이 하루를 가장 즐겁게 보내는 시간이다. 음식을 먹는 시간은 건강한 몸을 위해 들이는 좋은 습관이라고 생각하자. 그리고 행복한 삶을 위해 채소, 과일, 육류, 곡류 등 균형 잡힌 영양소를 골고루 섭취하자.

일상생활에서 '걷기'는 매우 중요하다. 활기 차게 걷는 습관을 들이면 스트레스가 해소되고, 좋은 에너지가 발산되어 자신감이 생긴다. 또한 걷기는 기억력과 집중력 향상에도 도움이 되며 긍정적인 마음을 갖게 한다. 걸으며 생각하는 시간 동안 자신의 행복을 위한 생각을 하는 데 할애해보자. 걸으며 생각하는 시간은 자기반성의 순간이 될 수 있다. 그리고 행복한 삶에 대하여 주변 사람들의 안녕을 걱정해주는 값진 시간으로 활용할 수 있다. 걷기를 통한 자기 수양의 기회를 잡아 균형 있는 시각을 갖고 삶을 바라보도록 하자.

행복을 만드는 기적 2. 인간관계

내면의 행복뿐만 아니라 타인과의 교류에도 좋은 습관을 들여야 한다. 우리는 인생을 살아가면서 무수히 많은 사람을 만난다. 명함을 주고받고, 전화번호를 교환한다. 그러나 모든 사람을 기억할 수는 없다. 하지만 다음에 만났을 때 처음 만난 사람처럼 대하는 실례를 범해서는 안 된다. 그래서 명함을 받을 때, 그 사람을 기억할 수 있도록 특징을 적어두는 습관을 들이는 것이 좋다. 명함에 '부인과 그리스 여행'이라고 써놓았다면, 다음에 만났을 때 "부인과 그리스 여행은 즐거우셨습니까?"라는 질문을 한다면, 상대방은 자신에게 관심을 갖고 있다는 사실만으로도 감사할 것이다. 이처럼 인간관계에 도움이 되는 나만의 교류 방법을 생각해보자.

《논어》에 보면 '구이경지(久而敬之)'란 말이 있다. 이 말은 오래 사귀었어도 처음 본 듯이 존중한다는 의미이다. 일반적으로 사람들은 친해지면 반말을 하고, 허물없이 대해도 좋다고 생각한다. 이런 습관은 깊은 관계를 맺지 못하는 원인이 될 수 있다.

가까워질수록 지켜야 할 예의는 있다. 상대방에게 나를 표현하는 방법이 나의 인품을 나타내는 것이다. 그렇기 때문에 늘 상대방을 존중하는 마음을 갖고, 바르게 표현하는 습관이 몸에 배도록 해야 한다. 그러나 나쁜 습관을 버리려는 노력도 중요하지만, 좋은 습관을 더 많이 들이기 위해 노력하는 것이 더 중요하다. "우리는 모두 반복된 행위를 통해서 만들어진다. 따라서 탁월하다는 건 단일한 행위가 아니라 습관이다.^{아리스토텔레스}"라는 말처럼, 의식적으로 나의 행동을 고쳐나가겠다는 마음을 먹고 실천해나가다 보면 진정한 나의 빛을 찾을 수 있을 것이다.

좋은 습관은
좋은 기적을 만든다

좋은 습관은 좋은 인생을 선물해준다. 자신의 건강을 위해, 채소,

과일, 육류, 곡류 등 균형 잡힌 영양소를 골고루 섭취하라.

일상생활에서 걷기는 매우 중요하다. 활기 차게 걷는 습관은

스트레스 해소, 좋은 에너지 발산, 기억력, 집중력 향상에도 도움이

되어 긍정적인 마음을 갖게 한다. 걷는 시간 동안 자기반성과 나의

행복을 위해 생각하는 습관을 들이도록 하자.

가까울수록 상대방을 더 존중하는 마음을 갖고, 깊이 있는

인간관계를 맺도록 해보자. 의식적인 노력과 주체적인 의지만이 좋은

습관을 만들고 좋은 인생을 빚어갈 것이다.

09

단순한 삶

불필요한 것을 갖지 마라

장의사마저도 우리의 죽음을 슬퍼해줄 만큼
훌륭한 삶이 되도록 힘써야 한다.

— 마크 트웨인

단순한 삶을 장려하는

영국의 트레이시 스미스는 '풀뿌리 운동'의 창시자로 많은 돈을 쓸
수록 돈을 버는 데 더 많은 시간을 할애해야 하고, 그 결과 여가시
간이 줄어들게 되기 때문에 적게 가지면서 만족하며 사는 삶을 제
안하였다. 딱 100개의 물건만 소유하고 단순하게 살거나 집의 크기
를 줄이는 것이 이런 적게 갖기의 한 예이다.

테크놀로지의 발달로 세상이 점점 더 복잡해지면서 이전의 단순
한 삶을 동경하는 사람들이 많아졌다. 더 많은 소유를 목적으로 하
는 삶이 아니라 질적인 행복을 위한 삶을 추구하자는 목소리가 드

높아지고 있다. 법정 스님도 무소유를 제안하였는데, 법정 스님이 말하는 무소유는 열심히 살지 않고 게으름 피우며 궁색한 빈털터리가 되라는 게 아니라 '불필요한 것을 갖지 않는 것'이다. 이는 영국의 트레이시 스미스가 장려하는 삶과도 일치한다.

삶에 꼭 필요한 단 100개의 물건만 소유하게 되면 더 많은 것을 소유하기 위해 다람쥐 쳇바퀴 돌 듯 계속 벌어대야 하는 어리석은 삶을 살 필요가 없다. 남에게 보이기 위해 100평의 집에 살며, 한 달에 수천만 원의 생활비가 드는 생활구조를 지탱하기 위해 끊임없이 돈을 버는 삶의 '노예'가 아니라 삶의 '주인'으로서 간소하게 갖고 홀가분하게 살아가자는 것이다.

단순한 삶이 행복한 삶이다

단순한 삶의 태도를 취한다는 것은 게으르거나 비루하게 사는 게 아니며, 오히려 소비적 삶에서 생산적 삶으로 전환할 수 있다. 민주주의와 물질문명의 발달이라는 명제 아래 사람들은 끊임없이 소비를 강요당해왔다. 더 벌어서 더 쓰고 더 모으지 않으면 뒤처지는 것 같은 심리 때문에 오로지 더 많이 축적하는 도구로 자신의 삶을 살아왔다. 물론 그 과정에서 대기업, 재벌, 갑부 등 많은 돈을 가진 사람들이 출현하고, 이들을 부러워하며 그 수준에 도달하기 위해 돈 버는 데 삶의 초점을 맞추고 사는 사람들이 많아졌다. 자신의 재산을 축적하기 위해서는 물불 안 가리고 남의 것을 빼앗고 훔치는 비도덕적인 사람들도 나타났다.

하지만 많이 가졌다고 더 행복하지 않다는 원리를 모르는 사람들은 마음의 행복과 평화에 초점을 맞춘 삶 대신 소유에 집착하는 삶을 사는 것이다. 법정 스님이 말하는 '무소유'가 아무 것도 갖지 말라는 뜻이 아니라 적게 가져도 행복할 수 있다는 인생의 이치를 가르치고 있다는 것을 간과하고 있다. 돈을 그만 벌고, 노력도 그만하고, 게으르게 살자는 게 아니다. 자신을 소유하는 물건을 벌어들이는 도구로 사용하지 말고, 스스로 삶의 주체가 되어 질적으로 행복한 삶을 살아가자는 거다. 열정과 긍정적인 태도를 갖고 삶을 살되 지친 육체에게도 쉴 수 있는 여가시간을 주고, 자신과 소통할 시간도 주고, 그리고 무엇보다 사랑하는 사람들과 충분히 만족할 만큼 공유할 시간을 주는 것이 단순한 삶을 살아야 하는 이유이다.

물욕이 가득 차게 되면 사람이 눈에 보이지 않는다. 무엇이 소중하고 무엇이 소중하지 않은지가 돈과 물질의 가치로 계산되면 진정한 마음은 보이지 않는다. 과일 냄새를 맡고 날파리가 꼬이듯 돈 냄새가 나면 그 돈에 현혹되는 사람들이 꼬인다. 물욕, 권력욕, 색욕에 지배당하면 사람이 사람으로 보이지 않고 오로지 돈이 있는 자와 없는 자, 권력이 있는 자와 없는 자, 내가 탐할 수 있는 자와 아닌 자로만 나뉜다. 이 순간 진실한 마음으로 '사람'을 볼 수 있는 눈은 사라진다.

소유하는 물건을 벌어들이는 도구로
나 자신을 사용하지 마라.

적게 가져도 행복할 수 있다는 이치를 깨달아
끊임없이 돈을 버는 삶의 노예가 아닌
삶의 주인으로서 홀가분하게 살아가자.

필요 없는 욕심을 벗겨내야 다시 본연의 자신으로 돌아가 순수한 마음의 눈으로 세상을 살아갈 수 있다.

단순한 삶을 살기 위한 원칙을 만들라

단순히 살기 위해서는 원칙이 있다. 입지도 않는 오래된 철 지난 옷을 보관하느라 넓은 집을 사용하고 있다면, 더 이상 입지 않는 옷을 과감하게 정리하자. 친하지도 않은 사람들과 어울리느라 가장 가까운 가족과 사랑하는 사람들을 돌보지 못하고 있다면 만나는 사람들의 숫자와 횟수를 줄이자. 가지고 있는 물건 중 필요는 없지만, 남 주기는 아까운 물건이 있다면 필요한 이들을 위해 기부하자.

인생의 목표를 이루기 위해 시도해야 하는 시간과 생계를 위해 사용해야 하는 시간을 제외하고 쓸데없는 소비적 삶에 시간을 낭비하지 말자. 많이 먹고 비싼 것을 먹는 대신, 내 몸에 좋은 것을 즐겁게 먹자. 사람들의 말 공해에 시달리지 말고 오로지 들어야 하는 말만 경청하고 바람 소리, 새소리, 빗소리와 같은 자연의 소리를 들으며 내면에서 들려오는 마음의 소리에 집중하자. 삶의 무게를 가볍게 하기 위해 먼저 무엇을 해야 하는지 생각해보자. 사람은 누구나 부족하므로 자신의 부족함을 쓸데없는 것으로 채우려 들지 말고 비어 있는 나로서의 행복을 느껴보자. 단순한 삶을 실천하면 영혼이 에너지를 되찾고, 다시 향기를 발하게 된다.

작은 것이 주는
삶의 행복을 선택하라

행복한 삶의 첫걸음은 돈을 버는 삶의 '노예'가 아니라 삶의

'주인'으로서 가장 간소하게 갖고 홀가분하게 살자는 것이다.

이는 스스로 삶의 주체가 되어 질적으로 행복한 삶을 살자는 뜻이다.

열정과 긍정적인 태도를 갖고 살되 지친 자신의 육체에도 쉴 수 있는

여가시간을 주고, 자신과 소통할 시간을 주고, 사랑하는 사람들과

충분히 공유할 시간을 주는 것이 단순한 삶을 살아야 하는 이유이다.

가장 친한 가족과 사랑하는 사람들을 돌보는 데 시간을 쓰고,

무의미한 만남의 횟수를 줄이자. 자신은 불필요하지만, 그 물건을

필요로 하는 사람들을 위해 기부해보자.

내 몸에 좋은 음식을 먹고, 자연을 즐기며 내면의 소리에 귀 기울이는

시간을 갖도록 하자. 비어 있는 나 자체로의 행복을 느껴보자. 단순한

삶을 실천하면, 영혼이 에너지를 얻는다.

네 번째 마음 훈련

관계 맺기
마음과 마음이 만날 때

01

관계의 본질

내 눈높이로 상대를 보지 마라

앞서서 걷지 마라. 내가 따르지 않을 수도 있다.
뒤에서 걷지 마라. 내가 이끌지 않을 수도 있다.
옆에 나란히 길으면서 내 친구나 되어 달라.
– 알베르 까뮈

어느 화창한 날,

장자는 친구와 연못을 거닐고 있었다. 그가 "날씨도 화창하니 물속
에 노니는 물고기도 즐거워하는구나"라고 말하자, 궤변론자였던
친구는 "자네는 물고기도 아니면서 어떻게 물고기가 즐거워하는지
아는가?"라고 물었다. 말없이 한참을 거닐던 장자는 "그렇다면 자
네는 내가 아닌데, 내가 물고기가 즐거워하는지 그렇지 않은지를
내가 아는지 모르는지에 대해 어찌 아는가?"라고 말하였다.

내가 너를 사랑하는 것처럼
너도 나를 사랑해야만 한다?

심리학자인 존 고트만은 "두 사람이 다섯 번의 긍정적인 소통과 한 번의 부정적인 소통을 해야만 결혼에 성공할 수 있다"라는 '마법의 비율'에 대한 이론을 제시하였다. 어떤 관계든지 소통의 단절은 감정의 단절을 초래한다. 우리는 가장 사랑하는 사람과도 소통하지 못하면서 "당신은 왜 내가 당신을 사랑하듯 날 사랑하지 않는가?"라고 되묻는다.

당신은 진심으로 상대를 이해하고 있는가? 있는 그대로의 상대를 보고 있는가? 아니면 내가 상상하는 모습으로 상대를 포장하고 있는가? 대부분의 사람들은 상대를 보면서도 나의 머릿속에 들어 있는 이상형의 모습대로 상대를 파악하려고 한다. 그렇기 때문에 제대로 상대를 이해하지 못하는 것이며, 이는 소통의 단절을 야기하는 것이다.

사랑을 할 때 상대가 행복해지기를 바라며 사랑하는 것이 아니라, 나의 만족을 위해 나의 욕망에 몰입하는 것이다. 대부분의 사람들은 자신의 자아가 형성해낸 또 다른 모습으로 상대를 상상하고 있을 확률이 높다. 즉 상대를 진정으로 파악하여 생각이나 평가를 하는 것이 아니라, 자신이 상대에 대해 생각하는 것을 기준으로 삼는 것이다.

내가 상대를 바라볼 때 서 있거나 앉아 있는 자리에서 상대를 바라보지 말고, 상대의 입장에서 바라보아야 한다. 상대와 소통하려면 그 대상이 누구이건 간에 내 안에 들어 있는 '그'를 통해 보아서는 안 된다. 상대의 실체를 인정하고, 그와 나의 차이를 인정하는 마음에서 대화해야 진정한 소통이 시작된다.

이런 소통은 사소한 것에서부터 시작될 수 있다. 상대는 된장찌개를 좋아하는 사람인데, 나는 파스타와 피자를 좋아한다면 그 차이에 불만을 갖기 전에 그 사람과 소통하기 위해 된장찌개를 먹어보는 것이다. 서로가 한 발짝씩 양보하여 상대의 취향을 이해하려고 노력하는 것이 소통의 기초이다. 마크 트웨인은 "한 사람의 성격은 그가 대화할 때 습관적으로 사용하는 형용사를 보면 알 수 있다"라고 하였다. '맛있는, 아름다운, 멋진, 유쾌한, 할 수 있는, 진정한' 등의 형용사와 '맛없는, 못생긴, 불쾌한, 할 수 없는, 모자란' 등의 형용사에는 큰 차이가 있다.

형용사는 감정을 드러내는 도구이다. 만일 늘 부정적인 뉘앙스의 형용사만을 사용하고 있다면 상대와의 소통을 단절하는 것이다. 긍정적 의미의 형용사를 적극 사용해보라. 그리고 당신이 대화를 위해 열린 마음을 갖고 있다는 이미지를 보여주라. 형용사 하나만 바꿔도 당신의 인간관계는 훨씬 나아질 것이다. 동료 중 한 명이 늘 투덜거리는 사람이라면, 그의 앞에서 여유 있는 태도로 긍정적인 표현을 하며 미소를 지어라.

상대를 보며 신뢰를 쌓는 것보다 중요한 것은
나 자신이 신뢰할 만한 사람이 되는 것이다.

투명한 마음을 갖도록 훈련하고,
책임감을 갖고 약속한 대로 실천해야만
'신뢰'할 만한 사람이 될 수 있다.

어느 순간, 자신의 투덜거림이 창피하다는 것을 깨우치게 될 것이고, 그도 당신의 말투와 미소를 배우게 될 것이다.

진정한 소통은 영혼의 대화여야 한다

소통은 말로만 하는 것이 아니다. 때로는 침묵하는 것이 소통에 더 유리할 수 있다. 상대의 이야기를 들을 때 미소를 지으며 경청하고, 가끔 맞장구를 쳐주는 것만으로도 당신에 대한 감정은 긍정적으로 바뀔 것이다. 상대의 기분에 맞추기 위해 일부러 동의할 필요는 없다. 상대와 의견은 다를 수 있다. 의견의 차이에 대해 설득하고, 수용하는 것이 소통이지 언쟁으로 확산시키는 것은 올바른 소통이 될 수 없다.

진정한 소통이란 자신의 생각을 강요하거나, 입바른 소리를 하는 것이 아니라 영혼을 나누는 대화여야 한다. 영혼을 공유할 정도로 진실성 있는 대화를 해야 진정한 소통이 되는 것이다. 상냥한 미소와 온화한 말투로 말하지만, 영혼이 담겨 있지 않다면 이도 진정한 소통이 아니다.

사람들이 범하는 소통에 대한 오류 중 하나가 오만이다. 상대에 대한 진실이 부족한 사람들은 물질로 상대의 마음을 사려고 하거나, 상대가 듣고 싶어 하는 달콤한 말로 포장하는 경우가 있다. 상대를 특별하게 생각한다는 것을 표현하며 상대의 신임을 얻으려고 하기도 한다. 이런 것들은 상대의 마음을 컨트롤하겠다는 생각이다. 상대는 자신을 컨트롤하려 한다고 느끼는 순간 관계를 단절시킨다. 물에 비친 자신의 모습을 사랑하게 된 나르시스가 되어서는 안 된다. 지나친 자기애에 빠져 나를 둘러싼 세상과 사람들에 대한 해석을 오로지 나에게 유리한 방향으로 해서는 안 되는 것이다. 이런 자아도취적 인격 장애를 갖고 있는 사람들은 자긍심이 강한 것이 아니라 자만심이 강한 것이다. 자긍심이 강한 사람은 자신에 대해서 확신을 갖고 있지만, 타인에게는 겸손하다. 하지만 자만심이 강한 사람은 자신에 대해서만 확신을 갖고 타인에게는 오만하다.

나에게는 강하고, 타인에게는 겸손하라

타인의 이해에 대해 가장 어렵다고 느끼는 관계의 설정은 결혼이다. 결혼을 하여 아기를 낳고 가정을 이루며 같이 이룬 재산을 공유하며 살아가는 데에 결혼은 안전한 장치이다. 하지만 사랑하는 마음으로 시작된 결혼을 유지하기 위해서는 해결해야 할 문제가 많다. 특히 다른 문화를 접하며 살아온 가족들과 결합의 문제에서 보면 상대를 이해하고 소통하는 게 얼마나 큰 문제인지를 잘 알 수 있다. 사랑하는 사람에 대한 이해가 나의 눈에 비친, 즉 내가 그려낸 이상형에 대한 이해였다면 이는 상대에 대한 이해가 아니라 오해인 경우가 많다. 사랑한다면 타협가능한 대상이 되어주어야 하며, 내가 더 양보하고 상대를 수용하겠다는 마음을 가져야 한다. 내가 성숙한 사랑을 할 준비가 되어 있어야 하는 것이다. 나의 모든 걸 내어주며, 모든 걸 움켜쥐고 소유하려는 마음을 버려야 공평한 관계가 유지될 수 있는 것이다.

타인에 대한 이해, 그 중 사랑하는 사람에 대한 이해는 사랑의 감정과 현실과의 미묘한 관계에 대한 이해가 우선되어야 한다. 사랑하는 상대를 어떻게 생각하는가가 나의 행복을 결정짓는다. 내가 어떤 마음의 눈으로 상대를 바라보며 사랑하는지가 행복한 생활을 실현하는 데 밑바탕이 되는 것이다. 타인과 소통하기 위해서는 상대에 대한 이해가 바탕이 되어야 한다. 상대의 행동이 무엇을 뜻하는지도 모르면서 상대의 마음이 나와 같다고 믿어버리는 것은 관계에 대한 오해이며, 소통에 걸림돌이 된다. 진정한 마음으로, 상대를 있는 그대로의 모습으로 받아들이기 위한 긍정적인 마음을 가져야 진실한 소통이 이루어진다.

내 눈높이로
상대를 보지 마라

사랑할 때, 상대가 행복해지기를 바라기보다는, 나의 만족을 위해

자신의 욕망에 몰입하는 오류를 범할 때가 있다. 상대와 소통하려면

상대의 실체를 인정하고, 그와 나의 차이를 인정하는 마음에서

대화해야만 진정한 소통이 가능하다.

긍정적인 의미의 형용사를 적극 활용하여, 대화를 위해 열린 마음을

갖고 있음을 상대에게 알려주라. 미소 지으며, 경청하고 맞장구

쳐주는 것만으로도 인간관계는 훨씬 나아질 것이다.

진정한 소통은 영혼을 나누는 진실성 있는 대화여야 한다. 상대의

있는 모습 그대로를 받아들이기 위한 긍정적인 마음의 태도가 있어야

진실성 있는 소통이 이루어진다.

02

관계 맺는 힘, 행복

진실성과 존중에서
좋은 관계가 시작된다

행복은 이미 만들어져 있는 것이 아니다.
당신의 행동에서 생겨나는 것이다.
– 달라이 라마

인터넷이 발달하면서 개인적으로 올린 글에도 많은 사람이 댓글을 단다. 무수한 댓글 중 부정적인 감정으로 상대를 깎아내리고. 일방적으로 공격을 가하는 경우도 많다. 서로 잘 알지도 못하는 사람에게 부정적인 감정을 쏟아내는 것은 무자비한 전쟁을 일으키는 것과 같다. 그 사람을 비방하고 싶다면 모니터 뒤에 숨어서 비방의 글을 쓰는 것보다는, 차라리 직접 나서서 자신의 불만을 토로하는 것이 낫다.

가장 어려운 인간관계는 한 명과의 관계이다

미국의 음악가 조앤 바에즈는 "내게 가장 쉬운 인간관계는 만 명과의 인간관계이다. 가장 어려운 인간관계는 한 명과의 인간관계이다"라고 하였다. 많은 사람과의 관계에서 나의 역할은 지극히 작다. 하지만 한 명과 지속적으로 좋은 관계를 유지하기 위해서는 온전히 나 자신을 그대로 보여주어야 한다. 인간의 행복과 불행을 결정하는 데 중요한 것은 기본적인 의식주 해결보다 '내가 어떤 사람과 교류하고 있는가'이다. 부모 자식 간의 관계이거나, 직장동료, 선후배 관계이건 나에게 부정적인 영향을 미치고 있다면, 그 관계를 재조명하고 정리할 필요가 있다.

미국의 철학자 윌리엄 제임스는 "누군가와 갈등관계에 놓여 있다면 관계를 악화시킬지 심화시킬지를 만드는 것은 하나의 요인이다. 그것은 태도이다"라고 하였다. 관계는 상호간에 영향을 주는 것이다. 관계를 맺는 사람들의 태도가 관계에 영향을 미칠 뿐만 아니라, 각자의 삶의 만족도와 질에도 영향을 미친다.

좋은 관계를 위한 기본적인 태도는 진실성과 존중이다. 거짓말하고 핑계 대는 관계는 진실하지 않다. 서로를 이용할 목적으로 접근하는 관계 역시 영혼을 병들게 하며, 최악의 선택을 하게 만들 수 있다. 상대와의 관계를 정립해나갈 때, 나 자신이 모든 관계의 주인이라는 의식을 갖고 있어야 한다. 그 관계를 지속시킬지, 포기할지는 스스로 결정해야 한다. 그러나 이 역시 일방적인 표출이어서는 안 된다. 나의 시간을 불필요하게 사용하는 관계는 재정립하는 것이 좋다. 내가 일하고 싶은 시간과 놀고 싶은 시간, 혼자 있고 싶은 시간 등을 스스로 정할 수 있어야 타협가능한 관계 정립이 가능하다. 내가 존중받지 못하는 관계에 대해 미련을 가질 필요는 없다. 원하지 않는 시간에 원하지 않는 장소에서 나의 감정을 소비할 필요는 없는 것이다.

또한 상대에게 부탁을 하거나 부담을 주는 관계 역시 재정립해야 한다. 예를 들어 어떤 부탁이건 상대를 괴롭히며 부탁하는 관계는 진정한 우정에 기초한 것이 아니다. 아무리 매력적인 사람이라도 상대를 지속적으로 불편하게 한다면, 머지않아 그 사람의 매력은 사라지게 된다. 나의 문제는 스스로 해결하고, 상대와는 편안한 마음으로 웃으며 얘기할 수 있어야 관계가 오래 지속된다.

사람들 앞에서 나를 비꼬거나 깎아내리는 사람과의 관계도 재정립해야 한다. 반대로 아첨하며 비위를 맞추는 척하지만, 뒤에서 험담하고 시기 질투하는 사람과의 관계도 재정립해야 한다. 이런 사람들은 부정적인 감정을 가지고 있는 사람이다. 이러한 부정적인 감정은 관계를 맺고 있는 상호간에 영향을 미쳐 부정적인 관계가 될 가능성이 크다. 영혼의 목소리를 듣고, 서로를 발전시킬 수 있는 관계는 나의 노력으로 지속시킬 수 있다. 남녀관계는 물론, 친구와의 관계나 가족 간의 관계 속에 사랑과 우정을 담아야 한다. 그런 당신은 사랑받을 만한 자격이 있다.

건강한 인간관계를 만들기 위해서 사소한 불화를 극복하고, 서로를 존중하는 마음이 최우선시 되어야 한다. 자신의 외로움을 달래기 위해, 또는 시간을 때우기 위해 관계를 유지하는 것은 서로의 시간을 좀먹는 것뿐이다. 나의 마음에서 '보고 싶다'란 마음이 우러나오는 사람들 두세 명과 긴밀한 관계를 쌓아나가는 것이 그저 그런 수백 명과의 관계를 쌓아나가는 것보다 낫다. 건강한 관계를 위해 지켜야 할 것 중 하나가 상대의 그릇된 기대심리를 부추기지 않는 것이다. 마치 상대에게 모든 것을 다해줄 것처럼 기대감을 높여놓으면 현실감이 결여되고, 마침내 기대가 충족되지 못하게 된다면 관계는 균열이 생긴다.

예를 들어 결혼할 때 여자가 갖는 기대 중 하나가 남자가 엄청나게 잘해줄 것이라는 기대, 손에 물 한 방울 묻히지 않게 해줄 거라는 기대이다. 남자가 여자에게 갖는 기대는 모든 걸 희생하는 현모양처일 것이라는 기대이다. 이러한 상호간의 기대는 이루어질 가능성이 낮다. 현실에 직면하게 되는 결혼생활에서 이런 기대가 충족되지 못할 가능성은 크며, 환상에 사로잡혀 시작한 결혼생활이 예상과 다르게 흘러가는 것을 보면서 관계에 대한 실망이 배가 되는 것이다.

이렇게 관계들을 정립해나가기 전에 스스로 사람들에 대한 나의 진정성과 태도를 점검해봐야 한다. 나는 진실한지, 자신은 바람직한 태도로 그들을 대하는지, 진심으로 그들을 사랑하는지, 그렇지 않다면 부정적인 관계를 맺고 있는 주체는 바로 '나 자신'인 것이다.

다른 사람들은 다 행복한 것처럼 보이는데, 나만 불행하다고 생각한다면 나 자신을 돌아보라. 나의 행복을 위해 어떤 실천을 하고 있는가? 인생을 살아가는 궁극적인 목적은 행복의 추구이지만, 진정한 행복이 무엇인지 제대로 아는 사람은 없다. 사회가 정해놓은 가치와 잣대로 더 많이 가지고, 더 크게 성공할 것이라고만 생각하면 진정한 행복이 아니다. 언뜻 꿀 발린 인생인 것 같지만, 사실은 속이 텅 빈 인생일 수 있는 것이다.

행복은 나의 행복에서 비롯된다

'나는 열심히 살고 있는데, 왜 이것밖에 못 누리지? 난 왜 성공하지 못하지?'라는 생각에 좌절감을 느끼며 자책할 필요는 없다. 스스로 내면의 평화와 행복을 추구하지 않고, 남들이 정해놓은 기준에 견주어 부끄러워할 필요는 없다. 자신을 사랑하고 남들보다 건강한 생각과 자긍심을 갖고 있어야 진정으로 성공한 인생이다.

타인과의 따뜻한 감정의 공유를 배우는 것이 행복의 가장 중요한 요소이다. "다른 사람들이 행복하기를 원한다면 자비를 베풀어라. 자신이 행복하기를 원한다면 자비를 베풀어라.^{달라이 라마}" 여기서 말하는 자비는 사람들과 눈을 맞추고 정을 나누며 사는 것이다.

나의 마음에서
'보고 싶다'란 마음이 우러나오는
두세 명과 긴밀한 관계를 쌓아가는 것이

그저 그런 수백 명과
관계를 쌓아가는 것보다 낫다.

감정을 나누고 교류하며 공감대를 형성하면 정서적으로 안정감을 갖게 되고, 행복한 마음이 들게 된다. 어떤 어머니가 아들이 큰일을 이뤄서 기뻐해야 하는데 주변의 친척들에게 내색하지 않고 조용히 지나갔다. 이에 섭섭해진 아들이 왜 자랑하지 않냐고 묻자, 어머니는 "나에겐 너무나 기쁜 일이나 가까운 친척들의 자식들이 잘 풀리지 않는데 굳이 성공했다고 자랑하여 심기를 불편하게 하고 싶지 않다"라고 말했다.

어머니는 자식이 잘 풀리고 좋은 운이 들어오는데 굳이 심기가 불편한 사람들을 들쑤셔서 아들에게 부정적 에너지가 전달될까봐 걱정했던 것이다. 그래서 아들은 어머니가 자신보다 훨씬 생각이 깊은 분임을 알고 더욱 존경하게 되었다. 이렇듯 상대가 힘들 때는 내가 잘 풀려도 굳이 내색하지 않는 배려를 하는 것도 교류의 한 모습이다. 상대를 배려하고 아끼고 존중하여 더욱 숭고해지는 것은 나 자신이며, 그런 배려 때문에 모든 사람이 행복할 수 있다.

때로는 치열한 고독이 사람을 성장시키기도 하지만, 그 밑바탕에는 인간에 대한 사랑과 감정에 대한 공감이 내재되어 있어야 한다. 행복은 건강한 생각과 따뜻한 시선과 미래에 대한 도전의식 그리고 건강한 육체를 갖추고 살아가면서 얻어지는 결과물이다. 타인에게 베푸는 사랑 없이 이기심과 소유욕으로 느끼는 억지스런 행복감은 어느 순간 깨져버릴 수밖에 없다.

2006년 한 조사에서 태평양 남서부의 인구 23만 명인 바누아투가 행복지수가 가장 높은 나라라고 발표되었다. 물질문명이 발달하지 않은 조그만 나라의 사람들이 행복한 이유는 가질 수 없는 것에 대해 탐욕을 부리지 않고 주어진 것에 대해 만족하기 때문이다.

2014년 한 조사에서 행복지수 1위를 기록한 덴마크는 국제투명성기구에 따르면 가장 투명한 국가이기도 하다. 투명하다는 것은 건강하다는 것이므로 인간관계나 사회제도가 건강하여 인간이 행복을 추구할 수 있게 한다. 1인당 소득이 6만 달러 가까이 되지만, 국민 전체가 검소를 미덕으로 알고 있으며, 환경오염을 방지하기 위해 국회의원이나 공무원을 비롯한 국민 다수가 자전거로 출퇴근을 한다.

바누아투나 덴마크 모두 욕심 부리지 않고 투명한 삶의 형태로 인해 행복지수가 가장 높은 나라인 것이다. 그들에게 공무원은 국민을 위한 봉사자이지 권력집단이 아니다. 그들처럼 욕심 부리지 않고 투명하게 교류하고 겸손하게 서로 내려놓고 살 수 있는 사회라면 그리고 그런 인간관계라면 얼마나 행복할까.

진정한 행복을 얻기를 바라는가? 그렇다면 끊임없이 자비를 베풀며 투명하게 소통하자. 행복한 관계를 위해서는 아낌없이 나눠줄 수 있는 마음이 있어야 한다. 주는 것은 너그럽게 주고, 받는 것은 기쁘게 받자. 행복한 관계를 위해서는 마음의 그릇을 넓혀야 한다.

진실성과 존중이
좋은 관계의 시작이다

관계는 상호간에 영향을 주는 것이다. 관계 맺는 사람들의 태도가

관계에 영향을 줄 뿐 아니라, 삶의 만족도와 질에도 영향을 미친다.

좋은 관계를 위한 기본 태도는 진실성과 존중이다.

나의 시간을 불필요하게 사용해야 하는 관계는 재정립하는 것이

좋다. 상대에게 부탁하거나 부담 주는 관계 역시 재정립해야

한다. 사람들 앞에서 나를 비꼬거나 깎아내리는 사람과의 관계도

재정립하라.

그리고 상대의 그릇된 기대심리를 부추기지 말아야 한다.

관계를 정립하기 전에 가장 먼저, 스스로 사람들에 대한 자신의

진정성과 태도를 점검해봐야 한다. 자신을 사랑하고 건강한 생각과

자긍심을 갖고 있어야 진정으로 성공한 인생이라 할 수 있다.

진정한 행복을 얻고자 한다면 아낌없이 베풀며, 투명한 마음으로

소통하자. 주는 것은 너그럽게 주고, 받는 것은 감사하게 받도록

하자. 행복한 관계의 시작은 내 마음의 그릇을 넓히는 것이다.

03

편견과 고집

건강한 생각을 위한
두 개의 침대를 만들자

내게 옳음이 있으면, 남에게도 옳음이 있음을 인정하라.
남의 의견이 나와 다르다 해서 그를 미워하는 편협한 일을 아니하면,
세상에는 화평이 있을 것이다.

– 안창호

그리스 신화에서 포세이돈의 아들

프로크루스테스는 아테네와 엘레우시스 사이의 코리달로스 산에서 살았다. 그에게는 강철로 만든 침대가 있었는데, 모든 지나가는 행인들에게 하룻밤 묵고 가라고 권한 후, 행인의 키가 작아 침대에 안 맞으면 망치로 두들겨 몸을 늘려서 침대 크기에 맞추었다. 반대로 키가 커서 침대를 벗어나면 남는 몸을 절단하여 침대에 맞췄다. 침대에 딱 맞는 몸을 가진 사람은 아무도 없었는데, 그것은 그가 작은 침대와 큰 침대 두 개를 준비해두었기 때문이다. 영웅 테세우스는 프로크루스테스를 잡아 같은 방식으로 침대에 묶고 길이를 맞춰 죽였다. 그런 의미에서 프로크루스테스의 침대는 절대 순응을 강요

하는 독단적인 기준이 되었다.

왜 우리는 강철침대에 맞춰
타인을 재단하는가?

프로크루스테스의 이러한 방식은 현실을 사는 우리들의 사고와 사회구조에서도 잘 드러난다. 우리는 자신이 정한 특정 원칙에 어긋난 사람을 비난하고 받아들이지 않는다. 하지만 이런 강철침대식 사고를 자기 자신에게 적용하는 사람은 없다.

자신에게는 관대하고 타인에게는 지나치게 엄격한 이중적인 잣대를 갖고 살아가는 사람들의 불합리한 사고와 처세는 합리주의의 원칙에 위배된다. 지혜롭고 합리적인 사람일수록 자신에게는 엄격하고 타인에게는 관대하기 마련인데, 타인에게 관대한 것은 나 외의 사람들에게 관심이 없는 게 아니라, 나와 타인의 차이를 인정하기 때문이다. 나의 원칙대로 세상을 살아가는 것은 당연하나, 타인에게도 나의 원칙이 정당하고 합리적인 것인지 생각해보았는가.

타인에 대한 배려를 관습적으로 가르쳐주는 사회에 살고 있지 않다면 우리는 사회 집단을 형성하여 산다는 것 자체가 고통스러울 수 있다. 나와는 너무나 다른 '타인들'을 비난하고 헐뜯는 것은 프로크루스테스의 강철 침대에 타인들을 묶어서 침대 길이에 맞춰 다리를 늘리고 자르는 행위와 마찬가지인 것이다.

예를 들어 동성애자가 자신과 같은 성적 특성을 지니지 않았다는 것에 대해서는 입에 거품을 물고 욕하면서, 자신과 같은 이성애자이며 모순이 많고 성격이 모가 난 사람에게는 관대하다면 그 사람은 자신의 생각이 과연 합당한 건지 돌아볼 필요가 있다.

나와 다른 사람 = 나쁜 사람?

'나와 다른 사람=나쁜 사람'이라는 억지 원칙은 세상을 바라보고 살아가는 유연한 사고를 갖추지 않았다는 반증이다. 내가 무언가를 싫어하고 나만의 원칙을 고집하고 있다면 그 고집을 버리고 바꾸려고 노력해보자. 나의 모순을 바라보고 왜 그런 모순된 사고를 갖게 되었는지 깨닫는 과정에 생각 훈련이 필요하다.

좁고 편협하게 세상을 바라보고 살아가기 때문에 괴로운 것은 바로 나 자신이다. 열쇠구멍보다 작은 마음의 눈으로 타인을 바라보고 그 작은 구멍에 통과하지 못하면 모두 '나쁜 사람'이라고 규정한다면 그 구멍을 통과하고 싶은 사람은 아무도 없을 것이다. 다리가 잘리면서까지 모르는 사람의 침대에서 하룻밤 묵어가고 싶은 사람은 없다.

그렇다면 우리 자신이 정한 강철침대인 신념을 돌아보자. 자신은 그 신념대로 행동하는가? 그 신념은 어디에서 기인하는가? 합리적인 근거가 없는 모든 사고는 오류의 가능성을 품고 있기 때문에, 우리는 타인의 행동을 분석하고 비판하기 이전에 자신을 돌아볼 수 있는 '자아비판의 기능'을 먼저 갖춰야 한다.

평소에 자신이 주장하던 신념과 달리 행동했을 때, 그 행동에 대해 끊임없이 핑계를 대며 자기합리화하는 사람들이 있다. 그들은 소위 심리학에서 말하는 '인지적 불협화음'을 겪고 있는 것이다. 교육에 의해, 혹은 무의식적으로 옳다고 생각해온 관념에 스스로 위배되는 행동을 할 때 이런 차이, 혹은 불협화음에 화들짝 놀라게 되는 것은 자기 자신이다.

자신은 어떤 경우에도 '욕'을 입에 담지 않는 우아한 사람이며, 욕하는 것은 자신의 인격을 손상시키는 행위라고 생각해온 사람이 운전을 하다가 끼어들기를 하는 상대 운전자에게 자신도 모르게 심한 욕을 하고 있다고 생각해보라. 그러면 옆에 앉아 있던 동승자가 놀라기 전에 스스로 자신의 행동에 먼저 놀랐을 것이다. 자신이 생각했던 우아한 이미지와 욕을 한 행동 사이의 간극에 충격을 받는 것은 자신이 생각하는 스스로의 '존엄성'에 위배되는 행동을 했기 때문이다.

그래서 자존심이 강한 사람일수록 자신이 저지른 '나쁜 짓'에 대해 계속 변명하며 자기합리화를 하기 위해 상대의 결함을 무의식적으로 찾게 된다. 하지만 자신이 저지른 존엄성에 위배되는 행위는 자기합리화나 핑계를 통해서 복구되지 않으며, 시원하게 자신의 모순된 행동을 인정하고 반성하는 태도를 보여야 손상된 자존심 회복에 도움이 된다.

결국 프로크루스테스의 강철침대는 타인에게 만큼이나 나에게도 위험한 물건임에 틀림없다. 강철침대란 원칙을 만들기 전에 나의 생각과 판단의 정당성과 오류와 착오의 가능성을 정확히 재단하여 만들 수 없다. 따라서 절대 바뀔 수 없는 원리원칙을 타인에게 들이대는 것은 그만큼 위험성이 클 수밖에 없다.

건강한 생각은 유연성과 생각의 차이에 대한 인정에 근거해야 하므로 우리는 이제 '너와 나' 모두를 죽이는 그런 강철침대를 부수고, 두 개의 침대를 만들어야 한다. 나에게는 좀 더 엄격하고 철저한 침대와 타인에게는 좀 더 신축성 있고 유연한 침대 말이다.

나의 침대에 내가 맞지 않는 행동을 했을 때는 자기합리화 대신 나 자신에 대해서는 철저히 반성하고 피해를 입은 상대에게는 사죄를 해야 한다. 나의 침대 크기와 타인의 침대 크기가 다르다고 '차이'를 비난하지 말고, 눈에 보이는 차이를 인정해주는 쿨한 행동을 해야 한다.

내 기준에
타인을 판단하지 마라

지혜롭고 합리적인 사람일수록 자신에게는 엄격하고 타인에게는
관대하다. 바로 나와 타인의 차이를 인정하기 때문에 가능한
판단이다. 그러나 타인에게도 나의 원칙을 적용하는 것이 정당하고
합리적인 행동인지 고려해야 한다.

내가 무언가를 싫어하고, 나만의 원칙을 고집하고 있다면 그 고집을
버리고 바꾸려고 노력해보라.
우리는 타인의 행동을 분석하고 비판하기 이전에 나 자신을 돌아볼
수 있는 '자아비판의 기능'을 먼저 갖춰야 한다.

건강한 생각은 유연성과 생각의 차이에 대한 인정에 근거해야 한다.

나에게는 좀 더 엄격하고 철저한 침대를, 타인에게는 좀 더 신축성

있고 유연한 침대로 침대 두 개를 만들어보자.

눈에 보이는 차이를 인정하고, 긍정하는 쿨한 행동이 필요하다.

04

소통

상대의 시선은 어디로 향해 있는가?

의사소통에서 제일 중요한 것은 상대방이 말하지 않은 소리를 듣는 것이다.

– 피터 드러커

요즘은 '소통'이 화두이다.

모두 사람들과 소통을 잘해야 행복하다고 말한다. 소통을 잘하면 상호간에 이해를 잘하게 되고, 서로의 관계에 대해 만족스러워지는 것은 당연한 일이다. 하지만 진정한 소통은 속마음을 숨긴 채, 그럴 싸한 미소와 눈빛으로 상대를 현혹시키는 게 아니라 참 인생의 의미를 공유하는 것이다.

진정한 소통은
나 자신과의 대화에서 시작된다

한 여배우가 큰 인기를 누리며 부를 축적하였지만, 자살하였다. 장례식장에는 거물급 유명인들이 대거 참석하였고, 애도의 물결은 끊이지 않았다. 모든 사람이 좋아했지만, 자신의 문제를 이겨내지 못하고 삶의 끈을 놓아버린 그 여배우는 무엇이 문제였을까? 자신을 좋아하는 수많은 사람과 소통을 하지 못한 것일까? 그들의 소통이 거짓이었던 것일까? 아니면, 그녀는 혹시 자신과의 소통에 실패했던 것이 아닐까?

현대인 대부분이 타인과의 소통에 중요성을 두고 있지만, 정작 중요한 것은 자신과의 소통이다. 삶을 제대로 이해하고, 문제에 봉착했을 때 이겨낼 수 있는 지구력을 갖추고, 자신에게 진솔한 삶을 사는 것이 자신과의 '소통'이다. 자신의 생각과 말에 대해 자기 스스로도 설득을 못 시키면서 어떻게 타인과 소통할 수 있겠는가.

속마음은 다르면서 미소 지으며 타인의 관심을 끌어내는 것은 아마 영업직에 종사하거나 많은 사람을 상대해야 하는 업종의 사람들에게 필요한 기술일 것이다. 진정한 소통은 서로에 대한 믿음을 키워가고 그 믿음으로 건강한 삶을 살아가게 하는 원동력이 되어주는 것이다. 내가 죽었을 때 몇 명의 사람들이 장례식에 왔는지는 전혀 중요하지 않다. 살았을 때 나와 마음으로 소통하고 살았던 사람이 몇 명인지, 얼마나 진실하였는지에 따라 삶의 질이 달라진다. 자신에 대한 믿음과 확신을 갖고 자신과의 대화를 먼저 시작하고, 자신감 있는 모습으로 타인과 소통을 해야 한다.

어떤 사람에게 맹목적인 믿음을 보여주었는데 상대가 자신을 조롱하듯 마음을 조종하며 갖고 놀았다는 것을 알게 되었다면, 그 충격은 상상을 초월할 것이다. 배신만큼 큰 상처가 없기에 그런 경험은 인생의 트라우마가 되어 모든 인간에 대해 회의적인 태도를 갖게 될 수 있다.

하지만 그 경험이 약이 되어 사람을 무조건 믿기보다 시간을 두고 현명하게 조금씩 마음을 열어가는 법을 배워갈 수도 있다. 소통은 신뢰가 바탕이 되어야 하겠지만, 그보다 중요한 것은 자신과의 대화에 솔직해지는 것이다. 진실을 숨긴 채 자기합리화를 하거나 감정을 숨긴 채 타인에게 너그러운 척하는 것은 진정한 소통이 아니다.

차라리 악을 쓰고 고함을 지르며 한바탕 싸우며 상대와 안 좋은 감정을 소진해버리는 편이 건강한 관계이다. 아무 문제도 없고 늘 평온하고 풍파가 없는 관계는 겉으로 보기에는 안전해 보이지만 '시한폭탄'을 안고 있는 것과 다름없다.

관계의 시한폭탄, 그 시한폭탄은 자신이 상대에게 하는 말이 거짓되고 거짓 소통을 할 때 똑딱거리며 작동하기 시작한다. 그래서 늘 행복해 보이는 커플이 어느 날 이혼한다는 폭탄선언을 할 수 있고, 늘 싸움이 끊이지 않는 듯 보이는 커플이 평생 함께 시간을 보내기도 한다. 많은 다툼을 한 커플은 서로 소통하는 법을 터득하여 점점 건강한 관계를 갖게 되겠지만, 감정을 숨기고 행복한 척 거짓 소통을 한 커플은 어느 순간, 마음의 문이 완전히 닫혀버리게 된다. 자기 감정에 솔직하고 그 감정을 타인에게 전달하는 것이 소통이며, 듣는 사람 입장에서는 진심으로 마음의 문을 열고 경청하는 것이 소통의 자세이다.

개인 간의 소통이 아니라 직업적인 소통을 할 때는 절대 자신의 본분을 잃어서는 안 된다. 자신이 어떤 직종에 있건 고객의 비밀을 누설하거나 신뢰를 저버리면서 자신의 입장을 고수하는 사람이라면 자신이 하는 일에 적합한 소통을 하지 못하는 것이며, 그 일을 할 자격이 없는 것이다. 하지만 늘 유쾌한 마음으로 포용력을 갖고 고객을 섬기는 자세로 대한다면 겸손한 마음이 고객에게 전달될 것이다. 이렇게 직업적인 소통은 자신이 어떤 역할을 하고 있는지 확실히 이해하는 데서 비롯되어야 한다.

손님을 마음으로 환대하며 서비스에 최선을 다하는 칼국수 집에 손님이 넘치는 반면, 우아하고 고압적인 젊은 여성이 주인인 칼국수 집에 파리가 날리는 이유는 바로 주인의 소통 방법 때문이다. 자신이 손님보다 더 낫다는 생각, 손님을 왕이라 여기지 않는 생각은 굳이 표현하지 않아도 손님들이 본능으로 알게 된다.

대중을 상대로 하는 직업일수록 자신을 낮추는 겸손한 자세가 장사에 성공하는 방법이다. 그리고 손님이 왕이라는 생각이 없다면 먹고 살겠다고 그 일을 해서도 안 된다. 마음은 언제이건, 어떤 방식으로건, 상대에게 숨기려 해도 들키게 되어 있다. 그래서 많은 거짓된 소통보다는 하나의 진실한 소통에 힘을 쏟아야 하는 것이다.

자신이 너무나 아끼는 사람이 있다면 그 사람이 말하고 행동하는 내용 중에 자신이 도와줄 것이 있는지 생각해보라. "난 너무 외로워"라고 말하는데, '흥, 넌 나보다 많이 가졌는데, 엄살은'이라고 속으로 생각하지 말고, 더 많이 가져도 여전히 외로울 수 있고 가진만큼 고통이 클 수 있다는 사실을 인정해주자.

내가 아끼는 사람이 성공했을 때 진심으로 그 사람에게 박수를 보낼 때, 멋있는 사람이 되는 것이다. 나보다 앞서고 늘 인정받는 친구를 마음으로는 시샘하고, 사람들에게 안 좋은 소문을 흘리면서 친한 척하면 상대는 모를 것 같아도 다 안다. 그렇게 알면서 모르는 척, 좋아하지 않으면서 좋아하는 척하는 관계는 병든 소통을 하는 것이다. 그래서 나의 마음이 병들지 않았는지, 너무 못난 행동을 하는 게 아닌지, 자신을 돌아보고, 반성하고, 세상을 보는 참된 눈을 가지려고 노력해야 참된 소통이 되는 것이다. 거짓 소통, 그것은 자기기만에 지나지 않는다.

"예전에는 사랑한다고 말했잖아."
"예전에 넌 이렇지 않았잖아."

이렇게 말하고 있다면

당신은 상대와 소통을 중단한 것이다.

소통은 문화에 대한 이해이다

상대에 대한 충분한 문화적 숙지기간 없이 상대도 나와 같을 거라는 짐작으로 상대의 행동에 대해 지적하고 불쾌함을 표현한다면, 그것은 내가 소통할 자세가 갖춰져 있지 않은 것이다. 오직 나의 눈높이에만 상대를 맞추는 주관적 사고를 하는 사람이라는 뜻이 된다. 사람은 누구나 주관적 판단을 하지만, 나 외의 사람과 소통하고 이해할 때에는 그 사람의 눈높이에서 상대의 문화를 파악하고 이해하는 시간이 필요하다.

나의 의견을 정확히 표현하는 사람을 보고 매우 오만하거나 무례하다고 판단하기 전에 그가 나와 달리 감정을 솔직히 표현하는 문화에 익숙해 있는 사람이라는 것을 먼저 이해해야 한다. 눈높이 소통이 필요한 것은 상대에 대해 제대로 이해하기 위해서이다. 사람들은 사랑해서 결혼하면 그 둘이 완벽한 조화를 이루며 행복한 삶을 살아갈 거라 생각하지만, 처음 몇 해 동안 의외의 충돌과 오해로 갈등하는 경우가 많다. 30여 년을 다른 문화 속에서 살아온 두 사람이 사랑이란 감정만으로 상대의 문화를 완전히 이해하기란 쉽지 않기 때문이다.

서로의 문화를 어느 정도 이해하고 수용하기 위해서는 시간이 필요하다. 사랑의 감정만으로 상대 문화를 수용하여 자신의 문화와 절충하기란 쉽지 않다. 결혼이 둘만의 문화를 융합하는 것이 아니라, 가족 전체의 문화를 융합하는 것이기 때문이다. 그런 갈등과 혼돈 속에서 이해를 위한 노력이 필요하다는 것을 인정해야 문화의 수용이라는 다음 단계로 나아갈 수 있다. 상대를 믿고 사랑해서 마음을 완전히 열고 관계를 시작했지만, 문화 충돌로 마음의 문이 닫혀버릴 수 있다. 이를 위해서는 결혼에 대한 성숙한 이해가 필요하며 주변 사람들의 도움이 필요하다. 행복을 저해하는 요인들을 생각해보고 대처하는 능력을 키워야 한다.

눈높이 소통은 부모와 자식 간에도 이루어져야 한다. 많은 부모가 자신의 품 안에 있을 때의 자식만을 생각하며 성장하여 독립할 시기가 되어도 놓아주지 않고, 자식을 키웠던 기억에 의존해서 자식과 소통하려 든다. 또한 감정표현에 서툰 아버지들은 퇴직할 연령이 되면 가족과의 단절을 경험하게 된다. 자신이 희생하여 가족을 부양하였기 때문에 그 공로를 인정받아야 한다는 생각은 소통을 저해하는 가장 큰 요인이다.

인정을 원하는 것도 대가를 바라는 마음이므로 자신이 가족을 위해 일해서 모두가 건강하게 사회의 일원이 되었다는 그 하나로 만족하면 된다. 그리고 성장한 자식을 인정하고 그의 가치관을 존중해 주어야 한다. 고부 간 갈등이나 부모와 자식 간의 갈등은 자신의 문화방식을 고집하며 상대에게 강요할 때 증폭되기 마련이다.

부모와 자식 간에도 마음을 주고받는 훈련이 필요하다. 부모는 자식이 하나의 인격체이며 독립적인 사고를 한다는 것을 인정해야 한다. 자식은 부모가 늙어가는 과정에서 점점 자신감을 잃어가고 약해져가고 있다는 점을 이해해야 한다. 그래서 상대에 대한 측은 지심과 연민을 가져야 상대의 삶을 존중하는 동시에, 건강한 관계를 만들어나갈 수 있다.

자식의 성공을 위해 희생한 어머니가 '내가 어떻게 키운 자식인데'라는 마음을 갖고 있다면, 자식은 자신의 삶을 제대로 살아가지 못하고, 항상 어머니에 대한 부담감을 안고 살아야 한다. 자식을 제대로 사랑한다면 품에서 날아가 자신의 둥지를 틀 수 있도록 놓아줄 수 있어야 한다. 놓아주면 돌아오고, 잡고 있으면 떠나는 법이다. 신뢰에 기초하지 않은 사랑은 위험하다. 튼튼한 기둥을 갖추지 않은 건물처럼 흔들거리거나 무너져버릴 수 있는 감정이 사랑이다. 그렇기 때문에 상대와 소통하기 위해서는 상대의 문화를 이해하고 서로 접점을 찾아야 하며, 신뢰가 쌓이기 전에 함부로 상대를 재단하고 평가하지 말아야 한다.

자신이 경험하지 못한 문화를 제대로 평가할 수는 없다. 그리고 예전에 소통이 이루어진 관계라고 방심하는 것은 금물이다. 사람의 감정은 언제나 변화하기 때문에 그리고 상대에 대한 지속적인 관심을 갖고 상대의 변화를 지켜보며 믿음을 보여주는 대화를 해야 한다. "예전에 사랑한다고 말했잖아", "예전에 넌 이렇지 않았잖아"라고 말하고 있다면 당신과 상대는 소통을 중단한 것이다.

'예전엔 이랬잖아?'라는 생각은
소통을 단절시킨다

　현재에도 중단되지 않고 이어져가는 소통이 진정한 소통이므로 연인, 부모, 자식, 친구가 예전 자기 기억 속에 '이랬다'라고 규정하기 보다는 현재에 그가 어떤 모습인지 지켜봐야 한다. 사랑은 항상 일정한 것은 아니며, 관심을 기울이며 키워내야 하는 한 그루의 나무와 같다. 늘 보살펴주고 적절한 시기에 물과 비료를 주며 잘 자라도록 키워내야 하는 것이 '사랑'이다. 가장 사랑하는 시점에 가장 많은 노력을 기울이기보다는 사랑의 불씨가 희미해질 때, 가장 많은 노력을 기울여 사랑을 키워나가야 한다.

　자신이 너무나 행복한 가정을 꾸미고 있다고 생각하고 있는데, 아내가 어느 날 자신은 한 번도 행복한 적이 없다고 고백하며 이혼을 요구한다. 자신이 생각했던 '행복'의 기준과 아내가 생각하는 '행복'의 기준이 다르다는 것을 인식하고 상대도 나만큼 행복할 수 있도록 노력을 하지 않았기 때문에 생긴 결과이다. 그리고 자신이 행복하므로 아내도 행복할 거라는 주관적이고, 오만한 판단의 결과이기도 하다.

　상대가 나보다 더 행복하고 그가 원하는 삶을 추구할 수 있도록 조력자가 되어주어야 '상호충족'할 수 있는 결혼생활을 할 수 있다. 자식과 부모 간에도, 사랑하는 남녀 간에도 강요된 무조건적 희생을 행복이라 여기는 사람은 없다. 만일 그걸 행복하다고 느끼는 사람이 있다면 그 사람은 강요보다 스스로 기꺼이 해주고 싶은 마음이 더 크기 때문에 행복한 것이다. 가난한 대가족의 어머니들이 자식에게 좀 더 좋은 것을 먹이고 싶어서 자신은 늘 생선 대가리만 드시고, 자라나는 아이들만을 바라보는 것은 기꺼이 자식들에게 희생하는 것이 어머니 본인의 행복이기 때문이다.

하지만 그런 어머니를 보며 사랑의 참 모습을 깨닫지 못하고 장성한 아들이 결혼하여 아내에게 "우리 엄마는 생선 대가리를 좋아하시니까 몸통은 네가 먹고 대가리를 드려"라고 말한다면, 그 아들의 말 때문에 어머니는 상심하고 눈물을 훔칠 수밖에 없다.

기대하지 않고 베푼 사랑이라 할지라도 그 결과가 기대 이상으로 참혹하면 마음이 다치게 되는 것은 어쩔 수 없다. 그래서 우리는 관계에서 상대의 감정과 생각을 함부로 단정 짓고 평가하는 오류를 범하는 건 아닌지 돌아보아야 한다. 상대의 희생이 얼마나 큰 사랑인지 깨닫고, 조금이라도 그 사랑에 보답하려 애쓰는 것, 그것이 나와 타자의 소통이다.

타인에 대한 이해가
소통의 시작이다

진실을 숨긴 채 자기합리화를 하거나 감정을 숨긴 채 타인에게

너그러운 척하는 것은 진정한 소통이 아니다.

자신의 마음이 병들지 않았는지, 너무 못난 행동을 하진 않는지,

자신을 돌아보고 반성해야 한다. 세상을 보는 참된 눈을 가지려고

노력해야 '소통'의 주체가 될 수 있다. 거짓 소통은 자기기만에

지나지 않는다.

모든 관계에서 상대의 감정과 생각을 함부로 단정 짓고 평가하는

오류를 범하는 건 아닌지 항상 돌아보아야 한다. 상대의 희생이

얼마나 큰 사랑인지 깨닫고, 그 사랑에 보답하려 애쓰는 것이 나와

타자의 소통이다.

05

조화

내면의 실타래를 풀면
마음이 건강해진다

병을 치료하려거든 먼저 그 마음을 고쳐라.
– 태백진인

실이 뒤엉켜서 풀려고 애써 본
적이 있다. 조금만 더 풀면 전체가 다 풀릴 것 같은데, 풀릴 듯이 풀
어지지 않고 엉켜 있는 실타래를 어떻게 해야 할까. 살다 보면 주변
의 인간관계가 지나치게 복잡해지고 꼬일 때가 있다.

사람들에게 인기를 얻고 싶다는 '욕심'이 화의 근원이 된다. 세상
사람 모두와 친구가 될 수는 없지만, 자기 자신과는 가장 좋은 친구
가 되어야 한다. 복잡하게 엉킨 실타래를 부여잡고 푸느라 평생을
보내지 말고, 그 엉킨 부분을 끊어내버리는 결단이 필요하다.

복잡하게 만들면 한없이 복잡해지고 단순하게 만들면 한없이 단
순해지는 게 삶이다. 감정도 마찬가지이다. 오랫동안 쌓인 원망과

애증이 뒤엉킨 감정으로 평생을 뒹굴고 살아가며 삶을 소진하는 것
보다는 내려놓을 필요가 있다. '그와 나의 관계'를 과감히 내려놓고,
자신의 감정에 솔직한 것, 그것이 '단순하게 살기'의 기본원칙이다.

그렇다고 주변의 인간관계를 다 버리고 어디론가 떠나라는 것이
아니다. 텔레비전 리모컨으로 화면을 바꾸듯이 자신이 가장 단순하
게 살 수 있는 채널을 선택하여 그 속에서 살아가야 한다. 모든 관
계를 정지시키고, 자신에게 가장 필요한 관계부터 단순하게 다시
시작하는 지혜가 필요하다.

엉킨 실타래는 잘라내라

사람들은 외로우면 항상 다른 사람들을 찾기 마련이다. 외로워서
사람들을 만나 술을 마시고 방황하며 거리를 헤매다 보면 그 안에
서 안 좋은 일들이 생긴다. 많은 친구와 즐거운 술자리를 가졌던 것
같지만, 다음날 현실로 돌아오면 해결된 건 하나도 없다. 그래서 바
로 그 전날 복잡한 마음으로 다시 살아가게 된다.

'술'은 망각의 시간을 갖게 하는 도구는 될 수 있지만, 문제해결의
열쇠는 될 수 없다. 술은 사람들의 관계를 원활하게 만드는 수단이
될 수는 있다. 그러나 사람들의 눈을 흐려놓아 진실을 파악하지 못
하게 만드는 독이 된다. 술을 이용해 놓아버리고 자신을 방치하는
시간이 절대 길어서는 안 된다. 외로움을 극복하기 위해서는 외로

움과 마주봐야 한다. 외로움이란 감정은 자신과 솔직한 대화를 하는 충분한 혼자만의 시간을 가졌을 때 사라진다.

지리산 쌍계사 위쪽에는 국사암이라는 절이 있고, 거기서 한 시간가량 산 위로 올라가면 불일암이라는 암자가 있다. 그 암자는 불일폭포 바로 앞에 있는 자그마한 암자로 그 절을 지키는 스님은 폭포 소리를 들으며, 혼자 염불을 외며 시간을 보낸다. 그 암자의 스님을 비롯한 많은 스님이 절에서 홀로 마음을 닦으며 시간을 보내지만, 절대 외롭다는 말을 하지 않는다. 외로움은 사람 간의 정을 느끼고 의존하게 되었을 때 생기는 것이다. 혼자 있는 시간이 줄어들고 타인에 대한 의존도가 높은 사람일수록 외롭다는 말을 한다. '군중 속의 고독'이란 말처럼 사람들에게 둘러싸여 자기 혼자서 가져야 하는 시간이 충분하지 않을 때 사람들은 외롭다고 한다.

외로운 사람은
복잡한 인간관계를 가진 사람이다

외롭다는 것은 불필요하게 복잡한 인간관계를 갖고 있다는 반증이기도 하다. 사람 맛을 보았을 때 비로소 외로움을 느끼듯이, 홀로 자신의 마음을 닦으며 보내는 시간이 긴 사람은 외롭지 않다. 외로움의 본질은 바로 쓸데없는 인간관계에 휘둘리는 자신의 복잡한 '삶'에서 비롯된 것이다. 자신에게 자신을 사랑할 충분한 시간을 주지 않았기 때문에 외로운 것이다.

　진정으로 외롭다면 유희에 몰입하는 그 시간을 자신을 갈고 닦는 데 쓰고, 자신과 같은 지붕 아래 있는 사람에게 신뢰를 쌓으려고 노력해야 한다. 자신이 외로운 건 삶이 올바른 방향으로 나아가고 있지 않다는 증거다. 그래서 우리는 외로움을 거꾸로 생각해야 한다. '아, 나는 지금 혼자 있는 시간이 필요하다'라고 이해하고 혼자서 고장 난 자신의 내면을 들여다보며 치유하는 데 애써야 한다. 혼자 있는 시간을 유용하게 사용하며 자신의 영혼과 내면을 강화하면 외로움이 사라진다.

　산사에 있는 스님들은 들판의 풀과도 친구가 되고 절에서 키우는 강아지와도 진심어린 대화를 한다. 그리고 정갈하고 맑은 음식으로 영혼을 강건히 한다. 그런 단순한 삶 속에 삶의 이치가 있다. 단순하고 절제하는 삶의 구조를 갖고 살아가며 영혼에 도움이 되는 정갈한 음식을 먹는 것. 외롭지 않으려면 이처럼 단순한 삶을 살아야 하는 것이다.

　혈관에 콜레스테롤이 쌓이면 혈액의 원활한 흐름을 막아 몸에 병이 생기듯이 삶의 관계나 물질이 지나치게 많이 쌓이고 적체되면 삶이 순환을 멈춘다. 그래서 많이 가진 것이 근사해 보이지만, 오히려 삶의 순환구조를 무너뜨릴 수 있다는 것을 이해해야 한다. 누군가와 복잡한 감정으로 서로를 끊임없이 괴롭히고 있다면 그를 놓아주어야 한다. 그 관계를 놓아야 비로소 내 삶의 순환이 시작된다.

그 사람을 놓을 수 없다면 '원망과 증오'란 감정을 버려야 한다. 미움을 담고 있는 마음 그릇은 얼마나 힘들겠는가.

아름답고 맑은 마음으로 자신이 미워하는 사람이 진정으로 잘 되어서 행복하길 바라는 순간, 그런 아름다운 마음을 담고 있는 자신의 영혼이 건강해지는 것이다. 남을 위해 기도하는 마음을 갖게 되면 70퍼센트는 자신에게 그 마음이 돌아오고 상대에게 30퍼센트가 돌아가는 이치와 같다.

미움을 떨쳐버리고 복잡한 감정을 떨쳐버리는 것도 감정 훈련으로 할 수 있는 일이다. 지금 외롭다면 자신에게 사랑이 충만해질 수 있도록 혼자만의 시간을 가져라. 그 시간 동안 좋은 생각을 하고, 좋은 것을 보고, 좋은 것을 꿈꾸어라. 그래서 자신의 마음이 건강해지면 단순한 삶 속에서 다시 건강한 삶을 살아갈 수 있다.

엉킨 실타래는
잘라내라

자신에게 자신을 사랑할 충분한 시간을 주지 않을 때 사람은 외롭다.

지금 외롭다면 유희에 몰입할 그 시간을 자신을 갈고 닦는 데 쓰고,

신뢰를 쌓으려고 노력해야 한다. 외로움을 느끼는 건 나의 삶이

올바른 방향으로 나아가고 있지 않다는 증거이다.

혼자서 고장 난 자신의 내면을 들여다보며 치유하는 데 애써야 한다.

혼자 있는 시간을 유용하게 사용하여 자신의 영혼과 내면을 강화하면

외로움이 사라진다.

단순하고 절제하는 삶의 구조를 갖고 살아가야 한다. 외롭지

않으려면 지금 단순한 삶을 살아야 한다. 복잡한 감정을 갖고 있는

마음의 실타래를 풀어야 한다.

아름답고 맑은 마음으로 자신이 미워하는 사람이 진정으로 잘 되어서

행복하길 바라는 순간, 아름다운 마음을 담고 있는 자신의 영혼이

건강해진다.

06

유익함

가장 좋은 친구는
서로에게 진실한 관계이다

나보다 나은 사람을 보면 같아지도록 노력하고,
나보다 못한 사람을 보면 그 사람을 보며 자기반성의 기회로 삼으라.
– 공자

《논어》에서 인생에 도움이 되는 친구는

정직하고 성실하고 견문이 많은 사람이며, 겉으로만 그럴싸하게 포
장하며 성실하지 못하고, 견문이 없이 언변만 뛰어난 사람은 도움
이 되지 않는 친구라고 했다. 정직한 친구는 사람에 대한 신뢰를 심
어주고, 성실한 친구는 나태해지려는 나를 반성하게 만들고, 견문
이 많은 친구는 내게 좋은 조언자가 되어준다. 반대로 겉으로만 그
럴싸하게 포장하는 친구는 자신의 사욕만을 채우려고 하고, 성실
하지 못한 친구는 자신으로 인해 발생하는 문제들로 주변 사람들을
불편하게 만든다. 언변만 뛰어난 친구는 감언이설로 상대를 유혹하
는 데 능하지만, 자신이 한 말에 대해서는 책임을 지지 않는다.

내게 도움이 되는 친구,
내가 도움이 되는 친구

나의 입장에서는 내게 도움이 되는 친구를 사귀는 게 당연히 인생에 도움이 된다. 그렇다면 반대로 나는 얼마나 도움이 되는 친구일까? 나 자신이 이기적이고 친구를 소중히 여기지 않고 약속을 쉽게 저버리면서, 상대가 내게 도움이 되는 친구가 되길 바란다면 나의 얍삽한 마음이 보이지 않을까? 누구나 정신적이든 경제적이든 힘든 시기가 있다. 그런 힘든 시기에 어떤 친구는 위로해준다고 밥과 술을 사주고, 어떤 친구는 연락을 끊는다. 어떤 친구는 더 힘들다고 말하며 돈 부탁, 일 부탁을 하고, 어떤 친구는 일거리를 만들어준다.

영어에서 '친구를 사귀다(make friends)'의 동사 '만들다'가 'make'인 이유는 없던 관계를 새롭게 만들어나가는 게 친구이기 때문이다. 친구를 사귈 때는 처음에만 관계를 만들어나가는 게 아니라, 계속해서 긍정적인 관계를 유지해야 한다. 소중한 사람에게 먼저 감정을 표현하며, 이전에 가졌던 못난 마음을 벗어버려야 우정과 믿음이라는 단어를 채워넣을 수 있다. 즉 서로에게 좋은 친구가 되기 위해서는 마음의 자세를 바꾸는 것이 중요하다.

지능이 높은 동물들 사이에 우정이 존재한다는 사실이 발견되었다. 예를 들어 소들은 혼자 있거나, 친하지 않은 소들과 있을 때보다 친한 소와 같이 있을 때 스트레스가 적다고 한다. 사람 역시 진정한 친구와 함께 있을 때 스트레스가 해소되며, 기쁨을 얻을 수 있다.

어린 시절 우리는 눈에 보이지 않는 상상의 친구를 만들기도 한다. 이는 우리가 살아가는 데 감정을 공유할 수 있는 친구가 얼마나 중요한지를 보여주는 전조와 같다. 공동의 목표나 공동의 적을 갖게 될 때 우정은 깊어질 수 있다. 하지만 친구로 위장한 적인 프레너미는 양들의 무리 속에서 양의 탈을 쓰고 숨어 있는 늑대처럼 전략적인 협력 관계이다. 이는 삼성과 구글처럼 서로의 이해관계를 위해 사이가 좋은 듯 행동하지만, 친구를 가장한 위장 친구인 것이다.

친구라는 이름을 다시 정하자

가장 좋은 친구 관계는 서로에게 진실한 관계이다. 하지만 무엇보다 더 중요한 것은 나보다 더 나은 친구를 사귀는 것이다. 자신과 비슷한 생각을 하는 친구들과만 어울리다 보면 유유상종이라고 좁은 우물에 갇혀 넓은 세상을 보지 못한다. 나와 같은 편인지, 아닌지를 따지는 편 가르기를 하며 다른 사람들을 끊임없이 나쁜 사람으로만 인식하여 공격하는 당파적 성향을 지닌 사람들은 자신의 우물에 갇혀 평생을 허우적거리게 된다.

어떤 사람이 곁에 있건 흔들리지 않고, 자신의 관점을 유지하는 대인배다운 태도를 갖는 것이 중요하다. 완벽히 나쁜 사람도, 좋은 사람도 없다. 인성이 덜 갖춰진 사람과 인성이 잘 갖춰진 사람이 있을 뿐이다. 아무리 못난 사람이라도 그 사람에게는 배울 점이 있다. 하지만 사고가 건강한 친구, 넓은 생각으로 헤아릴 수 있는 친구, 같이 있으면 행복하고 배울 게 많은 친구가 바람직한 친구이다.

그런 친구를 찾기 전에 내가 먼저 그런 친구가 되어야 한다. 서로 공감하고, 함께 온정을 나누며 서로에게 솔직하고 진실한 관계는 인생을 더욱 기름지게 만든다. 그래서 상대가 얼마나 많은 사람을 알고 있는지보다 그 사람의 진실성을 파악하는 것이 중요하다.

우리는 '사람 공해'에 시달리고 있다. 사회 친구, 술 친구, 동창, 군대 동기, 직장 동기 등 많은 종류의 인간관계에 '친구'란 이름을 붙이고 있다. 하지만 이중 진정 친구라고 부를 수 있는 관계가 있을까? 심심해서, 아니면 생계 때문에 함께 어울리는 관계는 진정으로 서로를 위하는 우정을 나누는 '친구'가 아니다.

이제 친구라는 이름을 다시 정하자. 진정한 친구는 희생할 줄 알고, 거짓말하거나 시기하지 않는다. 또한 서로의 발전을 위해 함께 손잡고 나아갈 수 있는 관계이다. 몇 명의 친구가 있느냐보다 진정을 나눌 수 있는 한 명의 친구가 중요하다. 이런 진실한 관계가 건강한 삶을 살아가는 데 도움을 주는 친구인 것이다. 내가 먼저 그런 진실한 친구가 되기 위해 노력해보는 건 어떨까?

엉킨 실타래는
잘라내라

내가 먼저 좋은 친구가 되라.

서로에게 좋은 친구가 되기 위해서는 마음의 자세를 바꾸는 것이

중요하다. 가장 좋은 친구 관계는 서로에게 진실한 관계이다.

무엇보다 중요한 것은 나보다 나은 친구를 사귀는 것이다. 나와

비슷한 생각을 하는 친구들과만 어울리면 유유상종이라고 좁은

우물에 갇혀 넓은 세상을 보지 못한다.

어떤 사람이 곁에 있건 흔들리지 않고, 자신의 관점을 유지하는

대인배다운 태도를 갖는 것이 중요하다. 무엇보다 사고가 건강하고,

넓은 생각으로 헤아릴 수 있고, 같이 있으면 행복하고 배울 게 많은

친구가 바람직한 친구이다.

진정한 친구는 희생할 줄 알고, 거짓말하거나 시기하지 않다. 서로의

발전을 위해 함께 손잡고 나아갈 수 있다. 진실한 관계는 건강한 삶을

사는 데 도움을 준다. 내가 먼저 그런 진실한 친구가 되기 위해 노력하자.

07

변화

내 마음이 변하면 세상이 변한다

언어는 사람들을 가깝게 만들어준다.
그러므로 모든 사람이 당신을 이해할 수 있도록
당신이 말하는 것이 진심의 말이 되도록 노력하라.
– 톨스토이

호주에서는 1997년 5월 26일 이후로
매년 '국가 사죄의 날'을 지정하여 행사를 개최하고 있다. 이는 호
주 정부가 원주민 자녀들을 강제적으로 그들 가정에서 격리시켜
'도둑맞은 세대(Stolen Generation)'를 초래한 것에 대해 기억하고 사
죄하는 날이다. 비슷한 역사적 경험이 있는 우리들에게도 공감이
가는 행사이기도 하다. 하지만 남에게 '미안하다'고 말하는 것이 얼
마나 힘든가는 현실만 봐도 알 수 있다.

미안합니다, 고맙습니다

인터넷에서는 잘 알지 못하는 타인들을 대상으로 폭언과 거짓말이 난무하고 있다. 그 이유를 들어보면 더욱 더 기가 막히다. '그냥 심심해서' 혹은 '그 사람이 싫어서' 그랬다는 것이다.

하지만 우리는 자신이 한 행동을 정당화하는 데만 급급하여, 남에게 큰 잘못을 저지르고도 '미안하다'란 말을 하지 않는다. 그것이 상대를 죽음으로 몰아넣는 일이라고 하더라도 자신이 죄의식 때문에 아무리 괴롭다 하더라도 '미안하다'란 말을 하면 자신의 죄를 인정할 수밖에 없을 것 같아서, 이런저런 이유로 미안하다는 말을 하기 힘들어한다.

영토가 협소하며 인구밀도가 높은 나라의 대도시에 사는 사람들은 자신만의 공간이 충분히 확보되지 않고 곳곳에서 사람들과 부딪혀 불쾌한 경우가 많지만, 누구도 타인에게 미안하다고 말하지 않는다. 지하철에서 남과 어깨가 부딪쳐도 당연하고 귀찮은 일이라 여기며 눈살을 찌푸리고 그냥 지나가기 일쑤이다.

착하고 남에게 피해 입히기를 싫어하는 국민들이지만 다수가 깨닫지 못하는 이런 문제가 사람들의 감정을 메마르게 하고 타인과 공감할 수 없게 만든다. 한 마디 말로 천냥 빚을 갚는다는 속담처럼 '미안해'란 말은 마술봉이 되어 사람들의 얼어붙은 마음을 녹여줄 수 있다. 증오와 원한 때문에 소송으로 이어지는 일들 역시 어느 정도는 사과의 표현과 사죄의 마음이 영향을 줄 수 있다.

상대의 마음 받기를 쑥스러워하지 마라

사과하면 고마운 마음으로 받아주는 것도 잊지 말아야 한다. 상대는 진심으로 마음을 선물하였는데, 받는 것은 손 벌려 받으면서 마음이 뒤틀려 뒤로 욕을 한다면 상대에게 그 마음이 전달되기 마련이다. 그럼 그는 내밀었던 손을 슬그머니 집어넣고 말 것이다.

미안한 마음과 고마운 마음은 진심에서 우러나야 하며 그 마음을 쑥스러워하지 말고 제대로 표현하는 것이 타인과의 진실된 소통에서 가장 중요한 점이다. 문화적으로 표현을 자제한다는 생각은 요즘 같은 인터넷 시대에는 모두 옛말이며, 좋은 감정은 잘 표현하고 나쁜 감정은 걸러내야 한다. 악행을 저지르는 사람들도 어린 시절부터 누군가에게 '넌 고마운 존재'라는 말을 듣고 의식을 심어주었다면 일그러진 마음을 갖지 않았을 것이다.

자신의 어머니가 항상 형제 중 자신만 미워했다고 생각했던 한 아들이 임종 전 어머니가 "네가 가장 자랑스럽고 믿음직했다. 너는 내가 돌보지 않아도 혼자 헤쳐 나갈 수 있다는 걸 알았기에 네 동생들에게 신경을 쓸 수 있었다. 하지만 그렇게 네 기회를 앗아가서 미안하구나"라는 말을 듣고 평생 원망하던 마음을 내려놓을 수 있었다고 한다.

그리고 어머니의 말씀대로 자신이 형제 중 가장 머리가 좋고 생활력이 강해서 사회적으로 성공했다는 것을 깨닫고, 그제야 어머니의 판단에 감사하는 마음을 갖게 되었다. 만일 어머니가 돌아가시기 전에 '미안하다'는 말을 하지 않았다면 그 아들은 늘 어머니에 대한 그리움과 원망이 교차하며 괴로워했을 것이다.

적어도 우리는 자신 주변의 가까운 사람들에게 미안한 감정과 고마운 감정을 전하는 것을 주저해서는 안 된다. 특히 부모와 자식 그리고 사랑하는 사람들, 가족들, 친구들 간에 이보다 감동적인 말은 없다. 또한 한 번 스치고 지나가는 인연이라고 하더라도 이런 마음의 예의를 지킬 필요가 있다.

사랑하는 사람에게 언제나 '고마워'라고 말하고 상처를 입혔을 때 진심으로 '미안해'라고 말해보자. 행복은 얼굴 표정에 묻어 나오기 때문에 늘 감사와 사과의 말을 듣고 존중받고 살아온 사람은 얼굴 표정이 밝다. 하지만 그런 표현을 배우지 못한 사람은 성공해도 표정이 늘 어둡다. 거울을 들고 자신의 표정을 보면서 진심 어린 눈빛으로 상대에게 '미안합니다' 그리고 '고맙습니다'라고 말하는 연습을 해보자. 그러면 어느 순간 그런 말을 하는 자신의 얼굴 표정이 밝고 행복해질 것이다. 그렇게 자신이 남에게 행복 바이러스를 전달할 수 있는 사람이 될 것이다.

마음 받기를
쑥스러워 하지 마라

미안한 마음과 고마운 마음은 진심에서 우러나야 한다. 그 마음을
쑥스러워하지 말고 제대로 표현하는 것이 타인과의 진실한 소통에서
가장 중요한 점이다.

우리는 주변 사람들에게 미안한 감정과 고마운 감정을 전하는 것을
주저해서는 안 된다. 특히 부모와 자식 그리고 사랑하는 사람들,
가족, 친구 간에 이보다 감동적인 말은 없다. 한 번 스치고 지나는
인연이더라도 마음의 예의는 반드시 지켜야 한다.

행복은 얼굴 표정에 묻어 나오기 때문에 늘 감사의 말과 사과의
말을 들으며 존중받고 살아온 사람은 얼굴 표정이 밝다. 진심어린
눈빛으로 '미안합니다', '고맙습니다', '사랑합니다'를 말하며 행복
바이러스를 전하는 사람이 되도록 노력하자.

08

공동체

함께하는 마음은
건강한 행동을 유발한다

공동체의 일치와 단결은 시간과 공간을 초월한다.
- 워즈워드

엘 시스테마 운동은 1975년 오일쇼크로 인해 휘청거리던 베네수엘라에서부터 시작했다. 경제학자이면서 오르간 연주자이기도 했던 호세 안토니오 아브레우 박사는 15살 소년이 마약중독으로 죽고, 아이들이 온갖 범죄와 빈곤에 휩쓸려 삶을 잃어버리는 모습을 보면서, 이미 전과 5범이던 아이를 비롯한 11명의 아이들에게 음악을 가르치기 시작했다. LA필하모닉의 상임지휘자 구스타보 두다멜이나 베를린 필하모닉 최연소 더블베이스 연주자인 에딕슨 루이즈 등이 바로 엘 시스테마 출신들이다. 현재 이 운동은 102개 청년 오케스트라와 55개 유소년 오케스트라를 갖춘 베네수엘라의 커다란 사회적 운동으로 성장했다.

마음 훈련, 실천이 답이다

지금까지 우리는 네 단계로 이루어진 마음 훈련을 살펴보았다. 첫 장에서는 마음 훈련에 앞서 마음이 무엇인지 살펴보는 나만의 마음사용 설명서를 통해서 마음의 기초를 다졌다. 두 번째 장에서는 마음을 바꾸는 생각 노트를 사용함으로써 실질적으로 어떻게 마음을 바꾸고 생각을 훈련해야 하는지를 살펴보았다. 세 번째 장인 실천 파트를 통해서는 마음먹은 대로 살아가는 것에 대해서 상황별 활동을 살펴보았다. 끝으로 마지막 장인 관계 맺기에서는 어떻게 관계를 맺고, 어떤 관계를 쌓아가는 훈련을 해야 하는지에 대해서 살펴보았다. 나 자신과의 관계를 어떻게 맺고, 더 나아가 가장 친밀한 주변 사람들인 가족, 연인, 친구 등에게는 내가 어떤 사람이 되어주는 것이 좋고, 어떤 사람이 좋은 관계를 맺는지를 구체적으로 정리했다.

그렇다면 공동체는 어떻게 관계 맺어야 할까? 앞에서 언급된 엘 시스테마는 전과 5범인 아이들 11명이 만든 아주 작은 오케스트라이다. 가장 가난하고 힘없고 약해 이들을 향한 온정을 베푼 효과가 영향력 있는 사회적인 운동이 되고, 국가적으로도 아주 큰 힘이 된 것이다.

사랑은 결과를 기대하지 않는 것이다. 보이지 않더라도, 내게 돌아오는 것이 없더라도, 무조건 베푸는 것이다. 처음 이 엘 시스테마를 만들고자 마음먹었던 호세 안토니오 아브레우 박사는 그저 이 아이들을 가난과 위험으로부터 벗어날 수 있도록, 적어도 노래하는 순간만큼은 아이다워질 수 있기를 바라는 작은 소망에서 기인한 발걸음이었다. 과연 처음부터 이 운동이 사회적으로 큰 영향력이 있어지길 기대하고, 이로 인해 자신의 명성이 더 커지기를 바라는 마음에서 시작했을까? 아마, 아닐 것이다.

함께하는 삶을 생각하라

사람은 인생에서 두 번 태어난다. 누군가의 자녀로, 또 한 번은 누군가의 부모로. 세상의 당혹스런 사건들의 주범도 처음부터 나쁜 사람은 아니었을 것이다. 그들에게 무조건적으로 사랑을 주는 부모와 따스한 주변의 관심이 있었다면 그들의 인생은 달라졌을 것이다.

공동체로 사는 것은 생각보다 쉽다. 내 이웃을 내 몸과 같이 사랑하는 것. 성경에나 나오는 구절일지는 모르겠으나, 우리가 이웃을 향해 할 수 있는 일은 생각보다 많다. 블로그를 쓰면서 나오는 해피빈을 모아 도움이 필요한 곳에 기부할 수도 있고, 간식 값도 안 되는 작은 돈으로도 사회구호단체를 통해 온정이 필요한 곳에 도움을 줄 수 있다. 고통에 처한 사람들을 위해 1인 시위를 할 수 있고, 그들을 위해 봉사활동도 할 수 있다.

세상에는 눈에 보이는 것들이 전부가 아니다. 환산할 수 없는 가치는 사실 눈에 보이지 않는 것으로부터 비롯된다.

나와의 관계가 바로 서면 행복 바이러스를 주변 사람들에게 전달할 수 있다. 가장 가까운 주변 사람들인 가족, 연인, 배우자, 친구, 직장, 마을, 이웃, 공동체, 사회로 순식간에 따뜻한 마음은 전해질 것이다.

내가 속한 공동체에서 나는 어떤 사람인가? '미안합니다', '고맙습니다', '사랑합니다'를 실천하는 사람인가? 나는 진심어린 말과 행동으로 상대에게 신뢰를 얻고 있는가? 내가 생각하는 삶의 우선순위는 무엇인가? 마음의 그릇을 비워내고 단순한 삶, 건강한 삶을 살아내는 방법은 무엇인가? 이 모든 질문에서 답을 명확하게 말할 수 있다면, 그동안 마음 훈련의 항해를 무사히 잘 통과한 것이라 믿고 싶다.

모든 일의 시작은 소소하고 미미하지만, 그것을 귀하고 감사하게 받아들이고 의미 있게 발전시키는 것은 바로 나 자신의 마음가짐이다. 그 어떤 것보다 자신의 마음을 다스리는 게 가장 중요하고, 실은 제일 어렵다. 그동안 마음에 넘어져 일어서지 못했다면, 이 마음 훈련을 통해 다시 치유하고 회복할 수 있기를 진심으로 바란다. 잘 다듬어진 마음은 행동이 되고, 사회와 공동체를 성장시킨다. 마음의 힘을 늘 기억하며 삶 속에서 영향력 있는 사람이 되도록 우리 모두 서로를 격려하는 삶을 살자.

함께하는 마음으로
이루는 공동체

건강하게 자신과의 관계를 맺는 사람만이 건강한 공동체 사회를 만들

수 있다.

겸손하고 감사하는 마음으로, 바라는 것 없이 아낌없이 나눠줄 때,

사람을 바꾸는 공동체는 공동체답게 변모한다.

건강한 마음과 마음이 만났을 때, 건강한 사회가 된다.

마음의 힘을 믿고, 마음 훈련을 통해 마음을 이기고 마음이 강한

사람으로 스스로를 바꿔보자.

마음의 또 다른 이름은
행복이다

한동안 '행복'이라는 키워드가
유행했다. 행복 또한 마음처럼 눈에 보이지 않는 가치다. 눈에 보이는 것만을 좇고 살다 보면 중요한 것들을 놓치고 살게 될 때가 너무나 많다. 사실 눈에 보이지 않는 것이 더 중요한 것들이 많은데도 말이다.

그동안 많은 책이 '행복'에 대해서 이야기했지만, 그 행복을 어떻게 다뤄야 하는지에 대해서, 특히 마음에 대해서는 쉬쉬 했던 것이 현실이다. 마음에도 기초 체력이 필요하고, 가꾸는 만큼 성장할 수 있다는 걸 알려준 적이 있던가? 마음도 훈련하고 배워야 한다는 걸 나는 이 책을 통해 이야기하고 싶었다.

내리사랑이라고 해서, 불행하게도 사람들은 배운 것만 그대로 전달하는 경향이 있다. 엄한 부모 밑에서 성장한 사람이 나중에 부모가 되어서 스스로가 엄한 부모가 되는 것처럼 말이다. 마음의 분명하고 밝은 기준을 세울 수 있기 위해서는 내 마음의 기초체력이 어느 정도인지, 어떤 상태인지를 면밀히 검토해야 할 필요가 있다.

이제는 어느 정도 정신과 상담을 받는 것이 색안경을 끼고 보지 않아도 될 만큼 대중화되었지만, 여전히 벽은 높고 따가운 시선은 여전하다. 나의 것을 만족하지 못하고 나를 사랑하지 못할수록 마음의 힘은 약해진다. 그래서 주변에 휩쓸리고, 공격받으면 쉽게 낙오되기 마련이다. 마음 훈련을 통해 스스로의 유일무이한 가치를 재발견하자. 이 세상에 덮어놓고 나쁜 사람은 아무도 없듯 처음부터 낙인 찍힌 인생은 없다. 당신은 한없이 사랑받을 만한 사람이고, 당신 자체에 큰 계획과 목적이 있기 때문에 스스로를 희망해야 한다.

오는 순서는 있어도 가는 순서는 따로 정해지지 않은 게 인생이다. 자신의 삶의 주인이 되어보자. 매순간은 매번 주어지지만, 항상 같은 것은 아니다. 이미 흘러갔거나 흘러가고 있는 중이라서, 시간 자체가 유한한 가치라서 더욱 그렇다. 현재를 충실하게 사는 사람만이 인생의 주인이고 승자다. 그리고 나도 모르게 만든 굴레에서 벗어나 더 넓은 세상을 바라볼 수 있는 마음 그릇을 넓히길 바란다. 그러면 이 세상이 보다 정답고 살 만하고 감사한 곳이라는 걸 깨달을 수 있을 것이다. 나에게, 너에게, 우리에게, 모든 이웃에게 감사하고 사랑하는 마음을 가져야 한다. '미안합니다. 감사합니다. 사랑합니다'를 진심으로 나누길 바란다. 그러면 우리의 마음은 사랑으로 채워지고, 곳곳에 행복 바이러스만 가득하게 될 것이다.

건강한 마음이 삶의 기초이다. 기반이 잘 잡힌 건물은 흔들리지 않는 것처럼, 마음의 기반을 잘 갖춰놓으면 힘든 삶의 여정도 행복할 수 있다. 건강한 마음을 가진 사람만이 행복할 자격이 있다. 마음은 곧 행복의 또 다른 이름이기 때문이다. 이 책이 메마르고 팍팍한 삶을 사는 당신에게, 마음이 회복되고 성장하는 데 도움을 주는 길라잡이가 되길 바란다. 우리가 마음을 다스릴 수 있는 사람으로만 변화한다고 해도 더 이상 바랄 것도 없겠다. 늘 고심하며, 더 많은 사람이 알게 되고 이것을 함께 나눌 수 있도록 마음 훈련을 하자. 또한 이것을 꾸준히 외치는 사람이 되자.

"마음을 다해 고맙습니다. 감사합니다. 사랑합니다."

내마음훈련소 이지연

지은이 | **이지연**

내마음훈련소 이지연은 20여 년간 미국, 캐나다, 중국, 프랑스 등 세계 각지를 다니며 다양한 사람들을 만나게 되면서 삶의 본질과 인간에 대해 생각해왔다. 그리고 모든 것은 마음에서 비롯된다는 것을 깨달았다. 세상을 보는 관점을 바꾸고, 삶의 에너지를 채울 수 있는 마음 훈련을 통해 긍정적인 인생을 살아가고 있다. 이 책을 통해 저자는 인생의 주체인 나로 살아갈 수 있는 마음의 힘을 이야기하고 있다.

단국대학교 대학원 영어영문학과 석사, 미국 남가주주립대학 영어교육학 석사, 이지연영어연구소 소장, 아시아 스테디셀러 영어교재 작가이자 강연가, 로이터통신 한국 Logistic Manager, 월드컵조직위원회 외신보도 과장 역임.

내 마음이 내 인생을 결정한다

마 음 훈 련

초판 1쇄 발행 | 2015년 1월 2일
초판 2쇄 발행 | 2017년 5월 15일

지은이 | 이지연
발행인 | 박효상 총괄이사 | 이종선 기획 · 편집 | 박윤희, 박혜민 디자인 책임 | 손정수
마케팅 | 이태호, 이전희 디지털콘텐츠 | 이지호 관리 | 김태욱
본문 편집 | 정은아 본문 · 표지 디자인 | 조성미

종이 | 월드페이퍼 인쇄 · 제본 | 현문자현 특수가공 | 이지앤비

출판등록 | 제10-1835호
발행처 | 사람in
주소 | 121-839 서울시 마포구 양화로11길 14-10(서교동 378-16) 4F
전화 | 02) 338-3555(代) 팩스 | 02) 338-3545
E-mail | saramin@netsgo.com
Homepage | www.saramin.com

:: 책값은 뒤표지에 있습니다.
:: 파본은 바꾸어 드립니다.

ⓒ 이지연 2014

ISBN 978-89-6049-434-3 03320

사람이 중심이 되는 세상, 세상과 소통하는 책 **사람in**